AF727560

Weil, Simone / La gravedad y la gracia / Simone Weil.
- 1a ed. - Ciudad Autónoma de Buenos Aires: EGodot
Argentina, 2025. 192 p.; 20 x 13 cm.

ISBN 978-84-19990-20-4

Depósito legal: M-3396-2025

Título original *La pesanteur et la grâce* (1947)

Traducción Aníbal Díaz Gallinal
Corrección Candela Jerez y Federico Juega Sicardi
Diseño de tapa y colección Fran Bo
Diseño de interiores Víctor Malumián
Ilustración de Simone Weil Max Amici

© Ediciones Godot
www.edicionesgodot.com.ar
info@edicionesgodot.com.ar
Facebook.com/EdicionesGodot
Twitter.com/EdicionesGodot
Instagram.com/EdicionesGodot
YouTube.com/EdicionesGodot
Buenos Aires, Argentina, 2025

Impreso en España
Imprenta Kadmos
Salamanca, marzo de 2026

La gravedad y la gracia

Simone Weil

Traducción
Aníbal Díaz Gallinal

1. La gravedad y la gracia

TODOS LOS MOVIMIENTOS *NATURALES* del alma están regidos por leyes análogas a las de la gravedad de la materia, con la única excepción de la gracia.

Hay que esperar que las cosas sucedan conforme a la gravedad, salvo intervención sobrenatural.

Dos fuerzas rigen el universo: luz y gravedad.

Gravedad. De manera general, lo que esperamos de los demás viene determinado por los efectos de la gravedad en nosotros; lo que recibimos está determinado por los efectos de la gravedad en ellos. A veces eso coincide (por casualidad); a menudo, no.

¿Por qué cuando un ser humano manifiesta que tiene cierta necesidad de otro, este se aleja?: efecto de la gravedad.

Lear, tragedia de la gravedad. Todo lo que llamamos bajeza es un fenómeno de gravedad. Por otra parte, el término "bajeza" lo expresa.

El objeto de una acción y el nivel de energía que la alimenta, cosas distintas.

Hay que hacer tal cosa. ¿De dónde sacar la fuerza? Una acción virtuosa puede rebajarse si no hay energía disponible en el mismo nivel.

Lo bajo y lo superficial están al mismo nivel. Ama violentamente pero bajamente: frase posible. Ama profundamente pero bajamente: frase imposible.

Si es verdad que el mismo sufrimiento es mucho más difícil de soportar por un motivo elevado que por un motivo bajo (la gente que se quedaba parada, inmóvil de la una a las ocho de la mañana para conseguir un huevo, muy difícilmente lo habría hecho para salvar una vida humana), una virtud baja es quizá, en cierto sentido, mejor ante la prueba de las dificultades, de las tentaciones y de las desgracias que una virtud elevada. Soldados de Napoleón. De ahí el uso de la crueldad para mantener o elevar la moral de los soldados. No olvidarlo con relación a los desfallecimientos.

Es un caso particular de la ley que pone generalmente la fuerza del lado de la bajeza. La gravedad es como su símbolo.

Colas para alimentos. Una misma acción es más fácil si el móvil es bajo que si es elevado. Los móviles bajos encierran más energía que los móviles elevados. Problema: ¿cómo transferir a los móviles elevados la energía correspondiente a los móviles bajos?

No olvidar que, en ciertos momentos de dolor de cabeza, cuando la crisis se agravaba, yo tenía un intenso deseo de hacer sufrir a otro ser humano, golpeándolo precisamente en el mismo lugar de la frente.

Deseos análogos, muy frecuentes entre los hombres.

Varias veces, en este estado, he cedido al menos a la tentación de decir palabras hirientes. Obediencia a la gravedad. El pecado más grande. Se corrompe así la función de la lengua, que es la de expresar la relación de las cosas.

Actitud de súplica: debo necesariamente volverme hacia otra cosa distinta de mí misma ya que se trata de quedar libre de mí misma.

Intentar esta liberación mediante mi energía propia sería como una vaca que tropieza con su manea y cae de rodillas.

Entonces liberamos en nosotros mismos la energía con una violencia que nos degrada aún más. Compensación en el sentido de la termodinámica, círculo infernal del que solo pueden librarnos desde lo alto.

El hombre tiene la fuente de energía moral en el exterior, como la de energía física (alimento, respiración). Encuentra generalmente que su ser porta en sí el principio de su conservación, y por eso tiene esa ilusión, como en lo físico. La privación es lo único que hace sentir la necesidad. Y, en caso de privación, no puede evitar volverse hacia *cualquier cosa* comestible.

Único remedio a esto: una clorofila que permita alimentarse de luz.

No juzgar. Todas las faltas son iguales. Hay una sola falta: no tener la capacidad de alimentarse de luz. Porque, una vez abolida esta capacidad, todas las faltas son posibles.

"Mi alimento es hacer la voluntad de Aquel que me ha enviado".

No hay ningún bien por encima de esta capacidad.

Bajar con un movimiento en el que la gravedad no intervenga. La gravedad hace bajar; las alas hacen subir: ¿qué ala a la segunda potencia puede hacer bajar sin gravedad?

La creación está hecha del movimiento descendente de la gravedad, del movimiento ascendente de la gracia y del movimiento descendente de la gracia a la segunda potencia.

La gracia es la ley del movimiento descendente.

Abajarse es subir con relación a la gravedad moral. La gravedad moral nos hace caer hacia lo alto.

Una desgracia demasiado grande coloca al ser humano por debajo de la piedad: náusea, horror y desprecio.

La piedad desciende hasta cierto nivel y no más abajo. ¿Cómo hace la caridad para descender más abajo?

¿Los que han caído tan bajo tienen piedad de sí mismos?

2. Vacío y compensación

Mecánica humana. Quien sufre busca comunicar su sufrimiento —ya maltratando, ya provocando piedad— con el propósito de disminuirlo, y de ese modo lo consigue efectivamente. El que está en lo más bajo, al que nadie compadece, no puede maltratar a nadie (si no tiene hijos o seres a los que amar), su sufrimiento permanece en él y lo envenena.

Es algo que se impone, como la gravedad. ¿Cómo librarse de ella? ¿Cómo librarnos de lo que es como la gravedad?

Tendencia a expandir el mal fuera de uno: ¡también me toca! Los seres y las cosas no me son tan sagrados. Ojalá no manchara ninguna cosa, aunque estuviera enteramente convertida en barro. No manchar nada ni siquiera con mi pensamiento. Ni siquiera en los peores momentos destruiría una estatua griega o un fresco de Giotto. ¿Por qué, entonces, otra cosa? ¿Por qué, por ejemplo, destruiría un instante de la vida de un ser humano que podría ser un instante de felicidad?

Imposible perdonar al que nos ha hecho un mal, si ese mal nos rebaja. Hay que pensar que no nos ha rebajado, sino que nos ha revelado nuestro nivel verdadero.

Deseo ver sufrir a otro exactamente lo que sufrimos. Y, por eso, los rencores de los miserables, salvo en los períodos de inestabilidad social, se dirigen hacia sus semejantes.

Es un factor de estabilidad social.

Tendencia a difundir el sufrimiento fuera de una. Si, por exceso de debilidad, no podemos provocar piedad o hacer mal a otro, hacemos mal a *la representación del universo en él.*

Todo lo bello y bueno aparece entonces como una injuria.

Hacer el mal al otro es recibir algo por eso. ¿Qué? ¿Qué ganamos (que deberemos pagar a su vez) cuando hicimos el mal? Hemos crecido. Nos hemos extendido. Hemos llenado un vacío dentro de nosotros creándolo en otro.

Poder hacer el mal a otro impunemente —por ejemplo, descargar la ira sobre un inferior que está obligado a callarse— es ahorrarse un gasto de energía, gasto que el otro debe asumir. Lo mismo ocurre con la satisfacción ilegítima de un deseo cualquiera. La energía que economizamos así se degrada de inmediato.

Perdonar. No podemos. Cuando alguien nos hizo un mal, se suceden reacciones dentro de nosotros. El deseo de venganza es un deseo de equilibrio esencial. Buscar el equilibrio en otro plano. Hay que ir uno mismo hasta ese límite. Ahí tocamos el vacío (ayúdate, el cielo te ayudará...).

Dolores de cabeza. En un momento determinado el dolor disminuye proyectándolo en el universo, pero en un universo alterado; el dolor es más vivo una vez que vuelve a su lugar, pero algo en mí no sufre y queda en contacto con un universo no alterado. Obrar así con las pasiones. Hacerlas bajar, llevarlas a un punto y desinteresarse de ellas. Tratar así, especialmente, todos los dolores. Impedir que se aproximen a las cosas.

La búsqueda de equilibrio es mala porque es imaginaria. La venganza. Incluso si de hecho se mata o tortura al enemigo, es, en cierto sentido, imaginaria.

El hombre que vivía para su ciudad, sus amigos, para enriquecerse, mejorar su situación social, etc. Una guerra y se lo llevan como esclavo, y a partir de entonces y para siempre, debe agotarse, hasta el límite extremo de sus fuerzas, solamente para existir.

Eso es atroz, imposible y tan así que no hay fin, por miserable que sea, al que no se aferre, aunque más no sea para castigar al esclavo que trabaja a su lado. No hay lugar para elegir los fines. Cualquier cosa es como una rama para el que se ahoga.

Aquellos cuya ciudad había sido destruida y que eran llevados como esclavos no tenían ni pasado ni porvenir: ¿qué objetos llenaban sus mentes? Mentiras y de las más ínfimas; las codicias más lastimosas; quizá más dispuestos a ser crucificados por robar un pollo antes que a la muerte en combate por defender su ciudad. Incluso con seguridad, o bien esos atroces suplicios no hubieran sido necesarios.

O bien era necesario poder soportar el vacío en el pensamiento.

Para tener la fuerza de contemplar la desgracia cuando se es desgraciado, es necesario el pan sobrenatural.

El mecanismo por el cual una situación demasiado dura se rebaja consiste en que la energía suministrada por los sentimientos elevados es, generalmente, limitada; si la situación exige que vayamos más lejos de ese límite, hay que recurrir a sentimientos bajos (miedo, codicia, ambición de obtener récords y honores exteriores) más ricos en energía.

Esta limitación es la clave de muchas vueltas atrás.

Tragedia de los que, siguiendo, por amor al bien, un camino en el que hay que sufrir, al final de cierto tiempo llegan a su límite y se envilecen.

Piedras en el camino. Tirarse sobre la piedra, como si, a partir de una cierta intensidad de deseo, esta debiera dejar de existir. O pasar como si uno mismo no existiera.

El deseo encierra el absoluto. Y si fracasa (una vez agotada la energía), lo absoluto se transfiere al obstáculo. Estado de ánimo de los vencidos, de los oprimidos.

Comprender que todas las cosas tienen un límite que no podemos rebasar (o muy poco) sin ayuda sobrenatural, pagándolo enseguida con un terrible abajamiento.

La energía liberada por la desaparición de objetos que constituían móviles siempre tiende a caer más bajo.

Los sentimientos bajos (envidia, resentimiento) son energía degradada. Toda forma de recompensa constituye una degradación de energía.

El contento de sí, luego de una buena acción (o de una obra de arte) es una degradación de energía superior. Por eso, la mano derecha debe ignorar...

Una recompensa puramente imaginaria (una sonrisa de Luis XIV) es el equivalente exacto de lo que hemos gastado, pues tiene exactamente el mismo valor de lo que hemos gastado; contrariamente a las recompensas reales que, como tales, están por encima, o por abajo. Solo *las ventajas imaginarias* suministran la energía para esfuerzos ilimitados. Pero es necesario que Luis XIV sonría de veras; si no sonríe, privación indecible. Un rey solo puede pagar recompensas que, en su mayoría, son imaginarias, de lo contrario terminará insolvente.

Equivalente en la religión a un cierto nivel.

A falta de recibir la sonrisa de Luis XIV, nos fabricamos un Dios que nos sonríe.

O bien, nos pavoneamos a nosotros mismos. Es necesario un premio equivalente. Inevitable como la gravedad.

Un ser amado que decepciona. Le escribí. Imposible que no me responda lo que me dije a mí misma en su nombre.

Los hombres nos deben lo que nosotros imaginamos que nos darán. Perdonarles esta deuda.

Aceptar que sean distintos a las criaturas de nuestra imaginación es imitar el renunciamiento de Dios.

También yo soy distinta de lo que imagino ser. Saberlo es el perdón.

3. Aceptar el vacío

"Nosotros creemos por tradición lo que toca a los dioses, y vemos por experiencia en lo que toca a los hombres, que siempre, por necesidad de naturaleza, todo ser ejerce todo el poder de que dispone" (Tucídides). Como el gas, el alma tiende a ocupar todo el espacio que se le ha concedido. Un gas que se retraiga y deje un vacío sería contrario a la ley de la entropía. No ocurre lo mismo con el dios de los cristianos. Es un Dios *sobrenatural*, mientras que Jehová es un dios *natural*.

No ejercer todo el poder del que disponemos es soportar el vacío. Eso es contrario a todas las leyes naturales: solo la gracia puede hacerlo.

La gracia colma, pero no puede entrar allí donde hay un vacío para recibirla. Y es ella la que hace ese vacío.

Necesidad de recompensa, de recibir el equivalente de lo que damos. Pero si, violentando esta necesidad, dejamos un vacío, se produce como una corriente de aire, y sobreviene la recompensa sobrenatural. No viene si tenemos otro salario: el vacío la hace venir.

Lo mismo con la cancelación de las deudas (lo que no concierne solo al mal que los otros nos han hecho, sino también al bien que les hicimos). Una vez más, ahí aceptamos un vacío en nosotros mismos.

Aceptar un vacío dentro de sí mismo, eso es sobrenatural. ¿Dónde encontrar la energía para un acto sin contrapartida? La energía debe venir de otra parte. Y, no obstante, es necesario al principio un desgarramiento, algo desesperante, para que se produzca el vacío. Vacío: noche oscura.

La admiración, la piedad (la mezcla de las dos, sobre todo) aportan una energía real. Pero es necesario prescindir de ella.

Hay que estar un tiempo sin recompensa, natural o sobrenatural.

Necesitamos una representación del mundo en que haya vacío con el fin de que el mundo tenga necesidad de Dios. Eso supone el mal.

Amar la verdad significa soportar el vacío y, en consecuencia, aceptar la muerte. La verdad está del lado de la muerte.

El hombre no escapa a las leyes de este mundo más que la duración de un relámpago. Instante de suspenso, de contemplación, de pura intuición, de vacío mental, de aceptación del vacío moral. Por esos instantes es capaz de lo sobrenatural.

Quien soporta un momento el vacío, o bien recibe el pan sobrenatural, o bien cae. Terrible riesgo, pero hay que correrlo. Y lo mismo un momento sin esperanza. Pero no hay que arrojarse en él.

4. Desapego

Para alcanzar el pleno desapego no basta la desgracia. Precisamos una desgracia sin consuelos. Ninguna consolación representable. El consuelo inefable baja, entonces.

Perdonar las deudas. Aceptar el pasado sin pedir compensaciones al porvenir. Demorar el tiempo en el instante es también aceptación de la muerte.

"Se ha vaciado de su divinidad". Vaciarse del mundo. Revestirse con la naturaleza de un esclavo. Reducirse al punto que ocupamos en el espacio y en el tiempo, a nada.

Despojarnos de la realeza imaginaria del mundo. Absoluta soledad. Entonces tendremos la verdad del mundo.

Dos maneras de renunciar a los bienes materiales.

Privarse de ellos en vista de un bien espiritual.

Concebirlos y sentirlos como condiciones de bienes espirituales (ejemplo: el hambre, la fatiga, la humillación oscurecen la inteligencia y dificultan la meditación) y a pesar de todo renunciar a ellos.

Esta segunda especie de renunciamiento es la desnudez de espíritu.

Mucho más los bienes materiales serían apenas peligrosos si aparecieran solos y no ligados a bienes espirituales.

Renunciar a todo lo que no es la gracia y no desear la gracia.

La extinción del deseo (budismo) o el desapego —o el *amor fati*— o el deseo del bien absoluto, siempre es lo mismo: vaciar el deseo, la finalidad de todo contenido, desear en vacío, desear sin apetecer.

Desapegar nuestro deseo de todos los bienes y esperar.

La experiencia prueba que esta espera es colmada. Se toca entonces el bien absoluto.

En todo, más allá del objeto particular que sea, querer en vacío, querer el vacío. Porque es un vacío para nosotros ese bien que no podemos ni representarnos ni definir. Pero el vacío es más pleno que todas las plenitudes.

Si llegamos ahí, hemos solucionado el problema, ya que Dios colma el vacío. No se trata de ninguna manera de un proceso intelectual en el sentido que lo entendemos hoy. La inteligencia nada tiene que encontrar. Debe despejar. Solo es buena para las tareas serviles.

El bien es para nosotros la nada, ya que ninguna cosa es buena. Pero esa nada no es irreal. Todo lo que existe, comparado con ella, es irreal.

Apartar las creencias colmadoras de vacíos, endulzadoras de amarguras: la inmortalidad; la utilidad de los pecados: *etiam peccata*; el orden de la providencia en los acontecimientos. En resumen: los "consuelos" que buscamos ordinariamente en la religión.

Amar a Dios a través de la destrucción de Troya y de Cartago, y sin consuelo. El amor no es consolación, es luz.

La realidad del mundo está hecha por nosotros con nuestro apego. Es la realidad del yo que nosotros transportamos a las cosas. No es, de ningún modo, la realidad exterior. Esta solo se puede percibir por un desapego total. Aunque solo quedara un hilito, todavía estaríamos apegados.

La desgracia que obliga a apegarnos a los objetos más miserables pone al desnudo el carácter miserable de ese apego. Por ello aparece más clara la necesidad del desapego.

El apego es fabricante de ilusiones y todo el que quiera lo real debe estar desprendido.

Tan pronto sabemos que algo es real, ya no podemos apegarnos a eso.

El apego no es otra cosa que la insuficiencia en el sentimiento de la realidad. Estamos apegados a la posesión de una cosa porque creemos que, si dejamos de poseerla, cesa de ser. Mucha gente no siente con toda su alma que hay una diferencia absoluta entre el aniquilamiento de una ciudad y el exilio irremediable fuera de ella.

La miseria humana sería intolerable si no estuviera diluida en el tiempo.

Impedir que se diluya *para* que sea intolerable.

"Y cuando se hubieron saciado de lágrimas" (*Ilíada*); otro medio de hacer tolerable el peor sufrimiento.

No hay que llorar para no ser consolado.

Todo dolor no desapegado es dolor perdido. Nada más atroz, frío desierto, alma retorcida en sí misma. Ovidio. Esclavos de Plauto.

No pensar nunca en una cosa o en un ser que amamos y que no tenemos ante los ojos sin pensar que quizá esa cosa ha sido destruida o ese ser ha muerto.

Que este pensamiento no disuelva el sentimiento de la realidad, sino que lo haga más intenso.

Cada vez que decimos: "Hágase tu voluntad", representarnos todos los males posibles juntos.

Dos maneras de matarse: suicidio o desapego.

Matar con el pensamiento todo lo que amamos: única manera de morir. Pero solamente lo que amamos. El que no odia a su padre, a su madre… Pero amen a sus enemigos).

No desear que aquello que amamos sea inmortal. Ante un ser humano, sea quien sea, no desear ni que sea inmortal ni que esté muerto.

El avaro, por deseo de su tesoro, se priva de él. Si se puede poner todo el bien en una cosa escondida en la tierra, ¿por qué no en Dios?

Pero cuando Dios se ha hecho tan pleno de significación como el tesoro para el avaro, entonces repetirse fuertemente que no existe. Comprobar que lo amamos, incluso si no existe.

Es él quien, por la operación de la noche oscura, se retira con el fin de no ser amado como el tesoro del avaro.

Electra llorando a Orestes muerto. Si amamos a Dios pensando que no existe, manifestará su existencia.

5. La imaginación colmadora

La imaginación se afana continuamente por cerrar todas las hendiduras por donde pasaría la gracia.

Todo vacío (no aceptado) produce odio, acritud, amargura, rencor. El mal que deseamos a lo que odiamos, y que imaginamos, restablece el equilibrio.

Los milicianos del *Testamento español* que inventaban victorias para soportar la muerte, ejemplo de imaginación colmadora de vacío. Y aunque nada se gane con la victoria, se soporta morir por una causa triunfante, pero no por una causa que será derrotada. Por algo absolutamente desprovisto de fuerza sería sobrehumano (discípulos de Cristo). El pensamiento de la muerte conlleva un contrapeso, y ese contrapeso —dejando de lado la gracia— solo puede ser una mentira.

La imaginación colmadora de vacío es esencialmente mentirosa. Excluye la tercera dimensión, ya que solo los objetos reales tienen tres dimensiones. Excluye las relaciones múltiples.

Tratar de definir las cosas que, al producirse efectivamente, permanecen, en un sentido, imaginarias. Guerras. Crímenes. Venganzas. Desgracia extrema.

En España, los crímenes se cometían efectivamente y sin embargo parecían simples fanfarronadas.

Realidades que no tienen más dimensiones que el sueño.

En el mal, al igual que en el sueño, no hay lecturas múltiples. De ahí la simplicidad de los criminales.

Crímenes chatos de los dos lados, como sueños: el lado del verdugo y el de la víctima. ¿Qué hay más atroz que morir en una pesadilla?

Compensaciones. Marius imaginaba la venganza futura. Napoleón pensaba en la posteridad. Guillermo II, por su parte, quería una taza de té. Su imaginación no estaba tan ligada al poder como para atravesar los años: se desviaba hacia una taza de té.

Adoración de los grandes por el pueblo del siglo XVII (La Bruyère). Era un efecto de la imaginación colmadora de vacíos, efecto desvanecido desde que el dinero lo sustituyó. Dos efectos bajos, pero más aún el dinero.

En cualquier situación, si se detiene la imaginación colmadora, hay vacío (pobres de espíritu).

En la situación que sea (pero en algunas, ¡al precio de qué bajeza!) la imaginación puede colmar el vacío. Y así los seres medianos pueden ser prisioneros, esclavos, prostituidos y atravesar cualquier sufrimiento sin purificación.

Suspender continuamente en una misma el trabajo de la imaginación colmadora del vacío.

Si se acepta cualquier vacío, ¿qué azar nos impediría amar al universo?

Estamos seguros de que, pase lo que pase, *el universo es pleno.*

6. Renunciar al tiempo

El tiempo es una imagen de la eternidad, pero es también un *ersatz* —sucedáneo— de la eternidad.

El avaro a quien se ha quitado su tesoro. Lo que le arrebatan es un pasado yerto. Pasado y futuro, únicas riquezas del hombre.

Porvenir colmador de vacíos. A veces también el pasado desempeña este papel (yo era, yo hice...). En otros casos, la desgracia vuelve intolerable el pensamiento de la felicidad; priva entonces al desgraciado de su pasado (*nessun maggior dolore...*).

El pasado y el porvenir obstaculizan el efecto saludable de la desgracia proporcionando un campo ilimitado a las construcciones imaginarias. Por ello el renunciamiento al pasado y al porvenir es la primera de las renuncias.

El presente no admite finalidad. El porvenir tampoco, ya que es solamente lo que será como presente. Pero no se sabe. Si llevamos al presente la punta de ese deseo que en nosotros corresponde a la finalidad, lo atraviesa hasta lo eterno.

Tal es el empleo de la desesperación que desvía la atención del porvenir.

Cuando sentimos desilusión por un placer que esperábamos y que llega, la causa de la decepción es que lo esperábamos del futuro. Y una vez que está aquí, es el presente. El porvenir tendría que estar ahí sin dejar de ser porvenir. Absurdo que solo la eternidad puede curar.

El tiempo y la caverna. Salir de la caverna. Estar desapegado consiste en no orientarse más hacia el porvenir.

Un modo de purificación: orar a Dios, no solo a escondidas de los hombres, sino también pensando que Dios no existe.

Piedad hacia los muertos: hacer todo para lo que no existe.

El dolor por la muerte de otro es dolor al vacío, al desequilibrio. En lo sucesivo, esfuerzos sin objeto y, por tanto, sin recompensa. Si la imaginación se introduce, abajamiento. "Deja que los muertos entierren a sus muertos". Y su propia muerte ¿no es igual? El objeto, la recompensa está en el futuro. Privación de futuro, vacío, desequilibrio. Por eso "filosofar es aprender a morir". Por eso, "rezar es como morir", como una muerte.

Cuando el dolor y el agotamiento llegan al punto de hacer nacer en el alma el sentimiento de lo perpetuo, contemplándolo con aceptación y amor, somos arrancados hasta la eternidad.

7. Desear sin objeto

La purificación es la separación del bien y el deseo. Descender a la fuente de los deseos para arrancar la energía a su objeto. Allí los deseos son verdaderos en cuanto energía. Es el objeto el que es falso. Pero en el momento de la separación de un deseo de su objeto hay en el alma un desgarramiento indecible.

Si descendemos dentro de nosotros mismos, encontramos que poseemos exactamente lo que deseamos. Si deseamos tal ser (muerto), deseamos un ser particular, limitado; y, por lo tanto, necesariamente, mortal. Y deseamos ese ser, este ser que..., que... etc. Es decir, ese ser que ha muerto tal día, a tal hora. Y lo tenemos... muerto.

Si deseamos dinero, deseamos una moneda (institución), algo que solo puede ser adquirido en tales o cuales condiciones, por tanto, lo deseamos solo en la medida que... Ahora bien, en esa medida, lo tenemos.

El sufrimiento, el vacío, son en tales casos el modo de existencia de los objetos de deseo. Si descorremos el velo de irrealidad, veremos que nos son dados así.

Cuando vemos esto, sufrimos todavía, pero somos felices.

Llegar a saber exactamente lo que perdió el avaro al que le han robado su tesoro: aprenderíamos mucho.

Lauzun y su cargo de capitán de mosqueteros. Prefería estar prisionero y ser capitán de mosqueteros que estar libre y no ser capitán.

Son ropajes. "Tuvieron vergüenza de estar desnudos".

Perder a alguien: sufrimos porque el muerto, el ausente, se convierte en imaginario, en algo falso. Pero el deseo que tenemos de él no es imaginario. Hambre: imaginamos alimentos, pero el hambre en sí es real: asirse al hambre. La presencia del muerto es imaginaria, pero su ausencia es bien real; a partir de entonces es su manera de aparecer.

No hay que buscar el vacío, pues sería tentar a Dios contando con el pan sobrenatural para colmarlo.

Tampoco hay que huir de él.

El vacío es la plenitud suprema, pero el hombre no tiene derecho a saberlo. La prueba es que Cristo mismo lo ignoró completamente en un momento. Una parte de mí debe saberlo, pero las otras no, porque si lo supieran según su baja manera, no habría más vacío.

Cristo tuvo todas las miserias humanas menos el pecado. Pero tuvo todo lo que hace al hombre capaz de pecado. Lo que hace al hombre capaz de pecado es el vacío. Todos los pecados son tentativas para colmar vacíos. Así, mi vida llena de manchas está cerca de la suya, perfectamente pura, y lo mismo ocurre con vidas mucho más bajas. Por bajo que caiga, no me alejaré mucho de él. Pero eso, si caigo, ya no lo sabré más.

Apretón de manos de un amigo vuelto a ver después de una larga ausencia. Ni siquiera noto por el sentido del tacto si es un placer o un dolor: como el ciego siente los objetos directamente en el extremo de su bastón, así siento yo directamente la presencia del amigo. Del mismo modo las circunstancias de la vida, sean cuales sean, y Dios.

Esto implica que nunca hay que buscar un consuelo para el dolor. Porque la felicidad está más allá del dominio del consuelo y del dolor. Es percibida por otro sentido, como la percepción de los objetos en la punta de un bastón o de un instrumento es distinta del tacto propiamente dicho. Ese otro sentido se forma por el desplazamiento de la atención mediante un aprendizaje en el que participan el alma íntegra y el cuerpo.

Por eso en el Evangelio: "Yo os digo que ya han recibido su salario". No necesitamos compensación. El vacío en la sensibilidad lleva más allá de la sensibilidad.

Negaciones de Pedro. Decir a Cristo "yo te seré fiel" era ya negarlo, por suponer en uno mismo, y no en la gracia, la fuente de la fidelidad. Felizmente, como era un elegido, esta negación se hizo manifiesta para todos y para él mismo. ¡En cuántos se cumplen este tipo de fanfarronerías, y nunca se dan cuenta!

Era difícil ser fiel a Cristo. Era una fidelidad en vacío. Mucho más fácil ser fiel hasta la muerte a Napoleón. Mucho más fácil para los mártires, más tarde, ser fieles cuando ya había una iglesia, una fuerza, con promesas temporales. Se muere por lo que es sólido, no por lo que es débil, o al menos por lo que siendo momentáneamente débil conserva una aureola de fuerza. La fidelidad a Napoleón en santa Helena no era una fidelidad en vacío.

Morir por lo que es fuerte hace que la muerte pierda su amargura. Y, al mismo tiempo, todo su valor.

Suplicar a un hombre es una tentativa desesperada por hacer pasar, a fuerza de intensidad, el propio sistema de valores al espíritu de otro. Suplicar a Dios es lo contrario: tentativa de hacer pasar los valores divinos a la propia alma. Lejos de pensar con la mayor intensidad posible los valores a los que nos aferramos, es un vacío interior.

8. El yo

Lo único que tenemos en este mundo —ya que el azar puede despojarnos de todo— es el poder de decir yo. Es eso lo que hay que dar a Dios, o sea, lo que hay que destruir. La destrucción del yo es el único acto libre que el hombre puede realizar plenamente.

Ofrenda: lo único que podemos ofrecer es el yo; todo lo que llamamos ofrenda es una etiqueta puesta sobre un reclamo del yo.

Nada en el mundo puede quitarnos el poder de decir "yo". Nada salvo la desgracia extrema. Nada es peor que la extrema desgracia que destruye el yo desde fuera, pero una vez hecho esto, uno mismo ya no puede destruirlo. ¿Qué ocurre a quienes una desgracia les destruyó el yo desde afuera? Solo podemos imaginar para ellos la aniquilación, a la manera de la concepción atea o materialista.

Que hayan perdido el yo no quiere decir que ya no tengan egoísmo. Todo lo contrario. Ciertamente a veces ocurre esto, cuando hay una devoción de perro. Pero otras veces el ser queda reducido al egoísmo desnudo, vegetativo. Un egoísmo sin yo.

Por poco que haya comenzado el proceso de destrucción del yo, se puede impedir que las desgracias hagan mal. Pues el yo solo se destruye con una revuelta extrema, por la presión externa. Si nos rehusamos a esa revuelta por amor a Dios, entonces la destrucción del yo no se produce desde el exterior, sino desde adentro.

Dolor redentor. Cuando el ser humano está en estado de perfección, cuando con la ayuda de la gracia ha destruido completamente el yo en sí mismo, entonces cae en el grado de desgracia que correspondería para él a la destrucción del yo desde afuera. Ahí está en la plenitud de la cruz. La desgracia ya no puede destruir en él al yo, porque el yo ha desaparecido enteramente para dejar su lugar a Dios. Pero la desgracia produce un efecto equivalente, en el plano de la perfección, a la destrucción exterior del yo. Produce la ausencia de Dios. Dios mío, ¿por qué me has abandonado?".

¿Qué es esta ausencia de Dios producida por la extrema desgracia en el alma perfecta? ¿Cuál es el valor que la acompaña y que llamamos dolor redentor?

El dolor redentor es aquel que proporciona realmente al mal la plenitud del ser en la medida en que puede recibirlo.

Dios está presente en el mal extremo por el dolor redentor. Porque la ausencia de Dios es el modo de presencia divina que corresponde al mal —ausencia sentida—. Aquel que no tiene a Dios en él no puede sentir su ausencia.

Es la pureza, la perfección, la plenitud, el abismo del mal. Mientras que el infierno es un falso abismo (cfr. Thibon). El infierno es superficial. El infierno es la nada que tiene la pretensión y da la impresión de ser.

La destrucción puramente exterior a la que se asocia el alma por amor es dolor de expiación. La producción de ausencia de Dios en el alma completamente vaciada de sí misma por amor a Dios es dolor redentor.

En la desgracia, el instinto vital sobrevive a las ataduras arrancadas y se aferra ciegamente a todo lo que puede servirle de apoyo, como una planta que extiende sus zarcillos. El reconocimiento (excepto en una forma baja), la justicia no son concebibles en este estado. Esclavitud. Ya no existe la cantidad suplementaria de energía que sirve de apoyo al libre arbitrio, por medio de la cual el hombre toma distancia. La desgracia, bajo este aspecto, es odiosa como lo es siempre la vida al desnudo, como un muñón, como el pulular de insectos. La vida sin forma. Sobrevivir es, entonces, el único apego. Ahí es donde comienza la desgracia extrema, cuando todos los apegos son reemplazados por sobrevivir. Ahí el apego aparece al desnudo. Sin otro objeto que sí mismo. Infierno.

Debido a este mecanismo nada parece más dulce a los desgraciados que la vida, aun cuando en realidad su vida no es para nada preferible a la muerte.

En esta situación, aceptar la muerte es el total desapego.

Casi infierno sobre la tierra. Extremo desarraigo en la desgracia.

La injusticia humana generalmente no produce mártires, sino semicondenados. Los seres caídos en ese casi infierno son como el hombre despojado y herido por los ladrones. Han perdido el vestido que corresponde a su carácter.

El mayor sufrimiento que deja subsistir raíces está todavía a una distancia infinita del casi infierno.

Cuando hacemos un favor a seres que están desarraigados y recibimos a cambio malos procederes, ingratitud, traición, padecemos solamente una exigua parte de su desgracia. Tenemos el deber de exponernos a eso, dentro de ciertos límites, como podemos exponernos a la desgracia. Cuando esto se produce, se debe soportar como se soporta la desgracia, sin atribuirla a personas determinadas, ya que no guarda relación con ellas. En la desgracia casi infernal, al igual que en la perfección, hay algo impersonal.

No se puede hacer nada por aquellos en quienes el yo ha muerto, absolutamente nada. Pero nunca sabemos, cuando se trata de un ser humano concreto, si el yo está totalmente muerto o inanimado. Si no está totalmente muerto, el amor puede reanimarlo como por una picadura, pero solamente el amor absolutamente puro, sin la menor traza de condescendencia, ya que el menor matiz de desprecio precipita hacia la muerte.

Cuando el yo es herido desde afuera, primero está la revuelta más extrema, la más amarga, como un animal que se debate. Pero cuando el yo está muerto a medias, desea terminar y se deja llevar hacia el desvanecimiento. Si entonces lo despierta un toque de amor, hay un dolor extremo que produce la cólera y a veces el odio contra aquel que ha provocado ese dolor. De ahí que los seres caídos tengan esas reacciones, en apariencia inexplicables, de venganza contra el bienhechor.

Ocurre también que en el bienhechor el amor no es puro. Entonces el yo, despertado por el amor, recibe una nueva herida por el desprecio; surge entonces el odio más amargo, odio legítimo.

Por el contrario, aquel en quien el yo está totalmente muerto no se molesta en modo alguno por el amor que se le testimonia. Se deja engañar como los perros y gatos que reciben alimento, calor y caricias y está ávido de recibir lo más posible. Según los casos, se apega como un perro, o se deja llevar con cierta indiferencia como un gato. Bebe, sin el menor escrúpulo, toda la energía de quien se ocupa de él.

Desgraciadamente, las obras de caridad corren el riesgo de tener como clientes a una mayoría de gente sin escrúpulos y, sobre todo, a seres cuyo yo está muerto.

Cuanto más débil sea el carácter del que sufre la desgracia, más pronto se mata a su yo. Más exactamente, la desgracia límite, la desgracia destructora del yo, se sitúa más o menos lejos según el temple del carácter, y cuanto más lejos está, más se dice que tiene carácter fuerte.

La situación más o menos alejada de este límite es, probablemente, un hecho natural, como la facilidad para las matemáticas. Quien, careciendo de fe, se enorgullece de haber conservado una "buena moral" en circunstancias difíciles, no tiene más razón que el adolescente que se enorgullece de su facilidad para las matemáticas. Aquel que cree en Dios corre peligro de una ilusión aún mayor, a saber: atribuir a la gracia lo que es simplemente un efecto de naturaleza esencialmente mecánica.

La angustia por la extrema desgracia es la destrucción *exterior* del yo. Arnulfo, Fedra, Licaón. Tenemos razones para hincarnos de rodillas, para suplicar bajamente, cuando la inminente muerte violenta matará desde afuera el yo, incluso antes de que la vida sea destruida.

"También Níobe, la de la hermosa cabellera, pensó en comer". Eso es sublime, como el espacio en los frescos de Giotto.

Una humillación que obliga a renunciar incluso a la desesperación.

En mí el pecado dice "yo".

Yo soy todo. Pero ese "yo" de ahí es Dios. Y no es un yo.

El mal hace la distinción, impide que Dios sea equivalente a todo.

Es mi miseria la que hace que yo sea yo. Es la misera del universo la que hace que, en cierto sentido, Dios sea yo (es decir, una persona).

Los fariseos eran gente que contaba con sus propias fuerzas para ser virtuosos.

La humildad consiste en saber que eso que llamamos "yo" no tiene ninguna fuente de energía que permita elevarnos.

Todo lo que es precioso en mí, sin excepción, viene de otro que no soy yo, no como don, sino como préstamo que debe ser renovado continuamente. Todo lo que es mío, sin excepción, no tiene ningún valor. Y, entre los dones recibidos, todo lo que me apropio pierde de inmediato su valor.

La alegría perfecta excluye incluso el sentimiento de alegría, ya que, en el alma colmada por el objeto, no hay rincón disponible para decir "yo".

No podemos imaginarnos tales alegrías cuando están ausentes, nos falta el estímulo para buscarlas.

9. Descreación

DESCREACIÓN: HACER PASAR LO creado a lo increado. Destrucción: hacer pasar lo creado a la nada. Sucedáneo —*ersatz*— culpable de la descreación.

La creación es un acto de amor y es perpetua. Nuestra existencia es, en cada instante, amor de Dios por nosotros. Pero Dios solo puede amarse a sí mismo. Su amor por nosotros es amor de sí a través de nosotros. De esa manera, él, que nos da el ser, ama en nosotros el consentimiento a no ser.

Nuestra existencia está hecha solo de su espera, de nuestro consentimiento a no existir.

Él mendiga perpetuamente ante nosotros esta existencia que nos da. Nos la da para mendigarla de nosotros.

La necesidad inflexible, la miseria, el agobio, el peso aplastante de la necesidad y del trabajo que agota, la crueldad, las torturas, la muerte violenta, la sujeción, el terror y las enfermedades, todo eso es el amor divino. Es Dios quien se retira de nosotros por amor para que podamos amarlo. Porque si estuviéramos expuestos a la irradiación directa de su amor, sin el espacio protector del tiempo y la materia, seríamos vaporizados como el agua al sol. No habría yo suficiente en nosotros para que abandonemos el yo por amor. La necesidad es la pantalla entre Dios y nosotros para que podamos ser. A nosotros nos toca atravesar la pantalla para dejar de ser.

Hay una fuerza "deífuga". Si no, todo sería Dios.

Ha sido dada al hombre una divinidad imaginaria para que pueda despojarse de ella como Cristo de su divinidad verdadera.

Renunciamiento. Imitación del renunciamiento de Dios en la creación. Dios renuncia —en cierto sentido— a ser todo. Debemos renunciar a ser algo. Es el único bien para nosotros. Somos barriles sin fondo mientras no hayamos entendido que tenemos un fondo.

Elevación y abajamiento. Una mujer que se mira en el espejo y se arregla no siente la vergüenza de reducir su yo, este ser infinito que mira todas las cosas, a un pequeño espacio. Del mismo modo, cada vez que elevamos el yo (el yo social, psicológico, etc.), por alto que lo elevemos, nos degradamos infinitamente reduciéndonos a no ser más que eso. Cuando el yo se abaja (a menos que la energía no tienda a elevarse en deseo), sabemos que no somos eso.

Una mujer muy linda que mira su imagen en el espejo puede muy bien creer que ella es eso. Una mujer fea sabe que no lo es.

Todo lo que es captado por las facultades naturales es hipotético. Solo el amor sobrenatural da fundamento. Así somos cocreadores.

Participamos en la creación del mundo descreándonos nosotros mismos.

Solo poseemos aquello a lo que renunciamos. Eso a lo que no renunciamos se nos escapa. En este sentido, no podemos poseer nada sin pasar por Dios.

Comunión católica. Dios no solo se hizo carne una vez; todos los días se hace materia para darse al hombre y ser consumido. Recíprocamente, por la fatiga, la desgracia, la muerte, el hombre se hace materia y es consumido por Dios. ¿Cómo rehusar esta reciprocidad?

Él se vació de su divinidad. Nosotros debemos vaciarnos de la falsa divinidad con la que nacimos.

Una vez que comprendimos que no somos nada, el fin de todos nuestros esfuerzos es devenir nada. Por este fin sufrimos con aceptación, *es por este fin que obramos*, por este fin rezamos.

Dios mío, concédeme convertirme en nada.

A medida que me convierto en nada, Dios se ama a través de mí.

Lo que está en lo bajo se parece a lo que está en lo alto. Por ahí la esclavitud es una imagen de la obediencia a Dios; la humillación es una imagen de la humildad; la necesidad física, una imagen del empuje irresistible de la gracia; el abandono de los santos en el día a día, imagen de la ruptura del tiempo en los criminales y prostitutas, etc.

Por este motivo es preciso buscar lo que es más bajo a título ilustrativo.

Que lo que hay en nosotros de más bajo vaya hacia lo bajo para que lo que está en lo alto pueda ir a lo alto. Porque estamos dados vuelta. Nacemos tales. Restablecer el orden es deshacer en nosotros a la criatura.

Dar vuelta lo objetivo y lo subjetivo.

Del mismo modo, dar vuelta lo positivo y lo negativo. Es también el sentido de la filosofía de los *Upanishads*.

Nacemos y vivimos en contrasentido, porque nacimos y vivimos en el pecado que es un trastocamiento de la jerarquía. La primera operación es la inversión. La conversión.

Si el grano no muere... debe morir para liberar la energía que lleva dentro y que se formen otras combinaciones.

Del mismo modo debemos morir nosotros para liberar la energía adjunta, para poseer una energía libre, susceptible de abrazar la verdadera relación de las cosas.

La extrema dificultad que siento con frecuencia para ejecutar la menor acción es un favor que se me hace. Así, con acciones ordinarias y sin llamar la atención puedo cortar las raíces del árbol. Por despegados que estemos de la opinión, las acciones extraordinarias encierran un atractivo inevitable. Este estímulo está totalmente ausente de las acciones ordinarias. Encontrar una dificultad extraordinaria para realizar una acción ordinaria es un favor que debemos agradecer. No hay que pedir la desaparición de esta dificultad; hay que implorar la gracia de usarla.

En general, no desear la desaparición de ninguna de esas miserias, sino la gracia que las transfigure.

Los sufrimientos físicos (y las privaciones) son a menudo para los hombres valientes una prueba de resistencia y de reciedumbre de alma. Pero hay un uso mejor. Que ellos no sean, por tanto, eso para mí. Que sean un testimonio sensible de la miseria humana. Que yo los padezca de manera totalmente pasiva. Pase lo que pase, ¿cómo me parecerá demasiado grande la desgracia, si resulta que la mordedura de la desgracia y el abajamiento al que me condena permiten que conozca la miseria humana, conocimiento que es la puerta de toda sabiduría?

Pero el placer, la felicidad, la prosperidad, si sabemos reconocer que vienen de afuera (del azar, de las circunstancias, etc.) también testimonian la miseria humana. Hay que usarlos también de esa forma. E incluso la gracia, en tanto y en cuanto es un fenómeno sensible...

Ser nada para estar en nuestro lugar propio en el todo.

El renunciamiento exige que pasemos por angustias equivalentes a las que causaría en la realidad la pérdida de todos los seres queridos y de todos los bienes, incluidos las facultades y adquisiciones en el orden de la inteligencia y del carácter, las opiniones y las creencias sobre lo que está bien y lo que es estable, etc. Y todo eso no hay que sacarlo de sí mismo, sino perderlo, como Job. Pero la energía, así separada de su objeto, no debe desperdiciarse, degradada, en oscilaciones. La angustia debe ser entonces mayor que en la desgracia real, no debe fragmentarse en el tiempo ni dirigirse hacia una esperanza.

Cuando la pasión del amor llega hasta la energía vegetativa, entonces tenemos casos como el de Fedra, Arnulfo, etc. "Y siento que allí tendré que morir si mi triste destino termina en desgracia...".

Hipólito es verdaderamente más necesario para la vida de Fedra, en el sentido más literal, que el alimento.

Para que el amor de Dios penetre tan bajo, es necesario que la naturaleza haya sufrido la última violencia. Job, cruz...

El amor de Fedra, de Arnulfo, es impuro. Un amor que descendiera tan bajo y fuese puro…

Convertirse en nada hasta un nivel vegetativo; es entonces cuando Dios se hace pan.

Si nos consideramos en un momento determinado —el instante presente, separado del pasado y del futuro—, somos inocentes. En este instante solo podemos ser lo que somos: todo progreso implica una duración. Que seamos tal como somos en este instante corresponde al orden del mundo.

Aislar así un instante implica el perdón. Pero este aislamiento es desapego.

Solo hay dos instantes de perfecta desnudez y pureza, el nacimiento y la muerte. No se puede adorar a Dios bajo forma humana sin manchar la divinidad, salvo como recién nacido o agonizante.

Muerte. Estado instantáneo, sin pasad ni futuro. Indispensable para el acceso a la eternidad.

Si encontramos la plenitud de la alegría en el pensamiento de que Dios es, hay que encontrar la misma plenitud en el conocimiento de que uno mismo no es, ya que se trata del mismo pensamiento. Y este conocimiento solo se extiende a la sensibilidad por el sufrimiento y la muerte.

Alegría en Dios. Ciertamente en Dios la alegría es infinita y perfecta. Mi participación no puede agregar nada, mi no participación nada quita a esa alegría perfecta e infinita. Entonces, ¿qué importancia puede tener que yo participe o no? Absolutamente ninguna.

Los que desean salvarse no creen verdaderamente en la realidad de la alegría en Dios.

La creencia en la inmortalidad es dañosa porque no está en nuestro poder representarnos el alma como verdaderamente incorpórea. Así, esta creencia es de hecho creencia en la prolongación de la vida, e impide el empleo de la muerte.

Presencia de Dios. Debe entenderse de dos maneras. No obstante ser creador, Dios está presente en todo lo que existe, en cuanto existe. La presencia para la cual Dios necesita la cooperación de la criatura es la presencia de Dios, no en cuanto es Creador, sino en cuanto es Espíritu. La primera presencia es la presencia de creación. La segunda es la presencia de descreación. (Aquel que nos ha creado sin nosotros no nos salvará sin nosotros. San Agustín).

Dios solo pudo crear escondiéndose. De otra manera solo habría él.

Por tanto, la santidad también debe estar escondida, incluso en cierta medida a la conciencia. Debe estarlo para el mundo.

Ser y tener. El hombre no tiene ser, solo es tener. El ser del hombre está situado más allá del telón, del lado de lo sobrenatural. Lo que puede conocer de sí mismo es solamente lo que le brindan las circunstancias. El *yo* está oculto para mí (y para otro): está del lado de Dios, está en Dios, es Dios. Ser orgulloso es olvidar que somos Dios... El telón es la miseria humana; había un telón incluso para Cristo.

Job. Satán a Dios: ¿te ama gratuitamente? Se trata del nivel del amor. ¿El amor está situado al nivel de los rebaños, de los campos de trigo, de los hijos numerosos? ¿O detrás, más lejos, en la tercera dimensión? Por profundo que sea este amor, hay un momento de ruptura en el que sucumbe, y ese es el momento de transformación, que lleva de lo finito a lo infinito, que vuelve *trascendente en el alma* el amor del alma por Dios. Es la muerte del alma. ¡Desdichado aquel en quien la muerte del cuerpo precede a la del alma! El alma que no está llena de amor muere de mala muerte. ¿Por qué semejante muerte puede caer indistintamente? Tiene que ser así. Es preciso que todo caiga indistintamente.

La apariencia apega al ser y solo el dolor puede arrancar a uno de la otra.

Quien tiene el ser no puede poseer la apariencia. La apariencia encadena al ser.

El curso del tiempo arranca por la violencia el aparecer del ser y el ser del aparecer. El tiempo manifiesta que no es la eternidad.

Hay que desarraigarse. Cortar el árbol, hacer una cruz y llevarla todos los días.

No hay que ser yo, pero menos aún ser nosotros.

La ciudad da el sentimiento de estar en la casa propia.

Sentirse en la propia casa como en el exilio.

Estar arraigado en la ausencia de lugar.

Desarraigarse socialmente y vegetativamente.

Exilarse de toda patria terrena.

Hacer todo eso al prójimo, desde afuera, es el sucedáneo de la descreación. Es producir lo irreal.

Pero desarraigándonos buscamos más lo real.

10. Desaparecer

DIOS ME HA DADO el ser para que se lo devuelva. Es como una de esas pruebas que parecen trampas que se ven en los cuentos e historias de iniciación. Si acepto el don, es malo y fatal; su virtud aparece cuando lo rechazamos. Dios me permite existir fuera de él. A mí me toca rechazar esta dádiva.

La humildad, reina de las virtudes. Es el rechazo a existir fuera de Dios.

El yo es solamente la sombra proyectada por el pecado y el error que detiene la luz de Dios y que tomo por un ser.

Si pudiéramos ser incluso como Dios, sería mejor ser el barro que obedece a Dios.

Lo que es el lápiz para mí, cuando con los ojos cerrados palpo la mesa con la punta; ser eso para Cristo. Tenemos la posibilidad de ser mediadores entre Dios y la parte de la creación que nos es confiada. Es preciso nuestro consentimiento para que, a través de nosotros, perciba su propia creación. Con nuestro consentimiento él opera esta maravilla. Bastaría que yo supiera retirarme de mi propia alma para que esta mesa que tengo delante de mí tenga la fortuna incomparable de ser vista por Dios. Dios solo puede amar en nosotros ese consentimiento de retirarnos y dejarlo pasar, como él mismo, creador, se ha retirado para dejarnos ser. Esta doble operación solo tiene el sentido del amor: como el padre da a su hijo lo que le permitirá hacerle un regalo el día de su cumpleaños. Dios, que es solo amor, no ha creado otra cosa que amor.

Privo del contacto con Dios todas las cosas que veo, entiendo, respiro, toco e ingiero y a todos los seres que encuentro. Y privo a Dios del contacto con todo eso, en la medida en que algo en mí dice "yo".

Puedo hacer algo por todo eso y por Dios, a saber, retirarme, respetar el encuentro cara a cara.

El cumplimiento estricto del deber simplemente humano es una condición para que yo pueda retirarme. Él usa, poco a poco, las cuerdas que me retienen en mi lugar y me impiden hacerlo.

No puedo concebir la necesidad de que Dios me ame, cuando siento muy claramente que, incluso entre los seres humanos, el afecto por mí solo puede ser un malentendido. Pero concibo sin dificultad que ame esta perspectiva de la creación que solo se puede tener desde el punto en el que yo estoy. Pero yo hago de pantalla. Debo retirarme para que él pueda verla.

Debo retirarme para que Dios pueda entrar en contacto con los seres que el azar pone en mi camino y amarme. Mi presencia es indiscreta, como si estuviera entre dos amantes o dos amigos. Yo no soy la chica que espera al novio, sino el tercero inoportuno que está con los dos novios y debe dejarlos para que ellos estén verdaderamente juntos.

Si yo supiera desaparecer, habría unión de amor perfecto entre Dios y la tierra en la que camino, y el mar que escucho...

¿Qué importa la energía que tenga en mí, los dones, etc.? Siempre tendré lo suficiente para desaparecer.

> *Y la muerte sustrayendo la claridad de mis ojos*
> *devuelve al día que ellos manchaban toda su pureza...*[1].

Que yo desaparezca para que las cosas que veo se hagan perfectamente bellas, por el hecho de que yo ya no las veré.

No deseo de ningún modo que este mundo creado ya no me sea sensible, sino que ya no sea más sensible para mí. A mí no puede decirme su secreto que es demasiado alto. Que yo me vaya, y el creador y la criatura intercambiarán sus secretos.

Ver un paisaje tal como es cuando yo no estoy...

Cuando estoy en alguna parte, ensucio el silencio del cielo y de la tierra con mi respiración y los latidos de mi corazón.

1. "*Et la mort a mes yeux ravissant la clarté / Rend au jour qu'ils souillaient toute sa pureté*", Racine, *Fedra* [N. de T.]

11. Necesidad y obediencia

El sol sale para justos e injustos... Dios se hace *necesidad*. Dos caras de la necesidad: ejercida y sufrida. Sol y cruz.

Aceptar estar sometido a la necesidad y actuar solo manejándola.

Subordinación: economía de energía. Gracias a ella, un acto de heroísmo puede cumplirse sin que ni el que manda ni el que obedece tengan necesidad de ser héroes.

Llegar a recibir órdenes de Dios.

¿En qué casos la lucha contra una tentación agota la energía adherida al bien, y en qué casos la hace subir en la escala de las calidades de energía?

Eso debe depender de la importancia respectiva del rol de la voluntad y de la atención.

Hay que merecer, a fuerza de amor, padecer una coerción.

La obediencia es la virtud suprema. Amar la necesidad. La necesidad es lo que hay de más bajo con relación al individuo (coerción, fuerza, una "necesidad fuerte"), de todo eso libera la necesidad universal.

Hay casos en que una cosa es necesaria por el solo hecho de que es posible. Así, comer cuando tenemos hambre, dar de beber a un herido que muere de sed, teniendo cerca el agua. Ni un bandido ni un santo se abstendrían de ello.

Por analogía, discernir el caso en que, aunque no parezca tan claro a primera vista, la posibilidad implica necesidad. Obrar en ese caso y no en los otros.

El grano de granada. No nos comprometemos a amar a Dios: consentimos un compromiso que se ha realizado en uno mismo sin uno mismo.

En cuanto a los actos de virtud, hacer solamente aquellos de los que no nos podemos privar, esos que no podemos dejar de hacer; pero aumentar sin cesar, por la atención bien dirigida, el número de los que no podemos dejar de hacer.

No dar un paso, *incluso hacia el bien*, más allá *de lo que* Dios impulsa irresistiblemente, y eso en la acción, la palabra y el pensamiento. Pero estar dispuesto a ir, empujado por él, no importa adónde, hasta el límite (la cruz…). Estar dispuesto al máximo es rogar para ser impulsado, pero sin saber adónde.

Si mi salvación eterna estuviera sobre esta mesa bajo forma de objeto y bastara con extender la mano para agarrarla, no extenderé la mano sin haber recibido la orden de hacerlo.

Desapego de los frutos de la acción. Sustraerse a esta fatalidad. Pero ¿cómo?

Obrar, no para un objeto, sino por una necesidad. No puedo actuar de otra manera. Esto no es una acción, sino una suerte de pasividad. Acción no operante.

El esclavo es, en cierto sentido, un modelo (lo más bajo... lo más alto... Siempre la misma ley). También la materia. Transportar fuera de sí los móviles de las propias acciones. Ser empujado. Los motivos totalmente puros (o los más viles: siempre la misma ley) aparecen como *exteriores*.

Considerar todo acto bajo el aspecto del impulso, no del objeto. No "¿para qué fin?", sino "¿de dónde viene?".

"Estaba desnudo y me vistieron". Este don es simplemente el signo del estado en el que se encontraban los seres que han obrado de esa manera. Estaban en tal estado que no podían impedir alimentar a los que tenían hambre, vestir a los desnudos; no lo hacían de ninguna manera por Cristo; no podían evitar hacerlo porque en ellos estaba la compasión de Cristo. Como san Nicolás yendo con san Casiano a través de la estepa rusa, no pudo llegar puntual a la cita con Dios, porque se quedó a ayudar a un mujik a sacar su carro empantanado. El bien cumplido así, casi a pesar de uno mismo, casi con vergüenza y remordimientos, es puro. Todo bien absolutamente puro escapa completamente a la voluntad. El bien es trascendente. Dios es el bien.

"Porque tuve hambre y me dieron de comer". ¿Cuándo, Señor? No lo sabían. No hay que saberlo.

No hay que ayudar al prójimo *para* Cristo, sino *por* Cristo. Que el yo desaparezca de tal manera que Cristo, por medio del intermediario que son nuestra alma y nuestro cuerpo, socorra al prójimo. Ser el siervo enviado por el maestro a llevar tal ayuda a tal desgraciado. La ayuda viene del maestro pero se dirige al desgraciado. Cristo no sufrió para su Padre. Sufrió por la voluntad del Padre para los hombres.

No puede decirse que el siervo que va a ayudar hace eso para su maestro. Él no hace nada. Aun si para ir hasta el desgraciado caminara sobre clavos, los pies descalzos. Aun cuando sufra, no hace nada, porque es un esclavo.

“Somos siervos inútiles”, es decir, no hemos hecho nada. De un modo general, la expresión “para Dios” es mala. Dios no puede ir en dativo.

No ir hacia el prójimo para Dios, sino que Dios nos empuje hacia el prójimo como el arquero dirige la flecha hacia el blanco.

Ser solamente intermediario, entre la tierra inculta y el campo laborado; entre los datos de un problema y su solución; ser la página en blanco y el poema, entre el desgraciado que tiene hambre y el desgraciado saciado.

En todas las cosas, solamente lo que nos viene de afuera, gratuitamente, por sorpresa, como un don de la suerte, sin que lo hayamos buscado, es pura alegría. Paralelamente, el bien real solo puede venir de afuera, y nunca de nuestro esfuerzo. En ningún caso podemos fabricar algo que sea mejor que nosotros. Así, el esfuerzo hecho verdaderamente hacia el bien no debe alcanzar su fin; después de una tensión larga y estéril que se termina en desesperación, cuando no esperamos más nada viene el don de afuera, sorpresa maravillosa. Este esfuerzo destruye una parte de la falsa plenitud que está en nosotros. El vacío divino, más pleno que la plenitud, ha venido a instalarse en nosotros.

¿Cómo conocer la voluntad de Dios? Si hacemos silencio en nosotros, si hacemos callar todos los deseos, todas las opiniones y pensamos amorosamente, con toda el alma y sin palabras: “Hágase tu voluntad”, lo que sentimos enseguida con certeza que debemos hacer (aun si en algunos aspectos sería un error) es la voluntad de Dios. Porque si le pedimos pan, Él nos dará piedras.

Criterio convergente. Una acción o una actitud en favor de la cual la razón encuentra muchos motivos distintos y convergentes, pero que sentimos que supera todos los motivos representables.

En la oración no hay que apuntar a nada en particular, a menos que hayamos recibido una inspiración sobrenatural. Pues Dios es el ser universal. Ciertamente desciende a lo particular. Él descendió en el acto de la creación; y del mismo modo en la Encarnación, la Eucaristía, la Inspiración, etc. Pero es un movimiento descendente, nunca ascendente; un movimiento de Dios, no de nosotros. Nosotros solo podemos establecer tal conexión en cuanto Dios nos la dicta. Nuestro rol es estar dirigidos hacia lo universal.

Quizá sea esa la solución de la dificultad de Berger sobre la imposibilidad de unir lo relativo con lo absoluto. Imposible por un movimiento ascendente, pero posible por un movimiento descendente.

Nunca se puede saber si Dios manda una cosa. La intención orientada hacia la obediencia a Dios salva, hagamos lo que hagamos, si ponemos a Dios infinitamente por encima de nosotros; y condena, hagamos lo que hagamos, si llamamos Dios a nuestro propio corazón. En el primer caso, nunca pensamos que lo que hicimos, lo que hacemos, o lo que haremos, pueda ser un bien.

Usar las tentaciones. Depende de la relación del alma y el tiempo. Contemplar un mal posible durante mucho tiempo sin realizarlo produce una especie de transustanciación. Si se resiste con energía finita, esta energía se agota en un determinado momento, y una vez consumida, se cede. Si nos quedamos inmóviles y atentos, la tentación se debilita y recogemos una energía recuperada.

Del mismo modo, si contemplamos —inmóviles y atentamente— un bien posible, se opera también una especie de transustanciación de la energía gracias a la cual se ejecuta este bien.

La transustanciación de la energía consiste en que, para el bien, llega un momento en el que no podemos no realizarla.

De ahí también un criterio del bien y del mal.

Cada criatura llegada a la obediencia perfecta constituye un modo singular, único, irreemplazable de presencia, de conocimiento y de actuación de Dios en el mundo.

Necesidad. Ver las relaciones de las cosas y de uno mismo, comprendidos los fines que llevamos en nosotros, como uno de los términos. La acción resulta de ello, naturalmente.

Obediencia: hay dos. Podemos obedecer a la gravedad o a las relaciones de las cosas. En el primer caso, hacemos lo que nos dicta la imaginación colmadora del vacío. Podemos ponerle todas las etiquetas, y a menudo con verosimilitud, inclusive Dios y el bien. Si suspendemos el trabajo de la imaginación colmadora y fijamos la atención en las relaciones de las cosas, aparece una necesidad a la que no se puede desobedecer. Hasta ahí no tenemos la noción de necesidad ni el sentimiento de obediencia.

Entonces no se pude estar orgulloso de lo que realizamos, aunque hagamos maravillas.

Palabras de un grumete bretón al periodista que le preguntaba cómo había podido hacer eso: "¡Había que hacerlo!". El heroísmo más puro. Lo encontramos en el pueblo más que en ningún otro lado.

La obediencia es el único móvil puro, el único que no encierra ningún grado de recompensa de la acción y deja todo el cuidado de la recompensa al Padre que está en lo oculto, que ve en lo oculto.

A condición de que sea la obediencia a una necesidad, no a una constricción (vacío terrible en los esclavos).

Sea lo que sea que demos de nosotros a otro o a un gran objeto, sea cual sea la pena que soportemos, si es por pura obediencia a una concepción clara de las conexiones de las cosas y a la necesidad, nos determinamos sin esfuerzo, aunque lo cumplamos con esfuerzo. No se puede hacer de otra manera, y no resulta ninguna retribución, ningún vacío a llenar, ningún deseo de recompensa, ningún rencor, ningún abajamiento.

La acción es la aguja indicadora de la balanza. No hay que tocarla, hay que tocar el peso.

Lo mismo exactamente ocurre con las opiniones. A partir de ahí, o confusión o sufrimiento.

Vírgenes necias. Significa que en el momento en que tomamos conciencia de de que hay que elegir, ya está hecha la elección, en un sentido u otro. Mucho más verdadero que la alegoría de Hércules entre el vicio y la virtud.

Cuando en el hombre la naturaleza, estando separada de todo impulso carnal y privada de toda luz sobrenatural, ejecuta acciones conforme a lo que la luz sobrenatural impondría si estuviera presente, es la plenitud de la pureza. Es el punto central de la Pasión.

La justa relación con Dios es el amor, en la contemplación; la esclavitud, en la acción. No mezclarlas. Obrar como esclavo contemplando con amor...

12. Ilusiones

Nos decantamos por algo porque creemos que es bueno, y nos quedamos atados a ello porque se convierte en necesario.

Las cosas sensibles son reales en tanto sensibles, pero irreales en tanto bienes.

La apariencia tiene la plenitud de la realidad, pero en cuanto apariencia. En cuanto otra cosa que apariencia, es error.

La ilusión que concierne a las cosas de este mundo no concierne a su existencia, sino a su valor. La imagen de la caverna se refiere al valor. Solo poseemos sombras que imitan bienes. Así, con relación al bien somos cautivos, encadenados (apego). Aceptamos los falsos valores que se nos aparecen y, cuando creemos actuar, en realidad nos quedamos quietos, pues permanecemos en el mismo sistema de valores.

Actos cumplidos efectivamente y sin embargo imaginarios. Un hombre se suicida. Sale indemne. Pero no está más desapegado después que antes. Su suicidio era imaginario. El suicidio siempre lo es, sin duda, y por eso está prohibido.

Hablando con propiedad, el tiempo no existe —solo el presente como límite—, y sin embargo estamos sometidos a eso. Tal es nuestra condición. *Estamos sometidos a algo que no existe.* Ya se trate de la duración sufrida pasivamente, dolor físico, espera, arrepentimiento, remordimiento, miedo, o del manejo del tiempo —orden, método, necesidad—, en ambos casos estamos sometidos a lo que no existe. Pero nuestra sumisión existe. Estamos atados realmente por cadenas irreales. El tiempo irreal vela todas las cosas y a nosotros mismos de irrealidad.

El tesoro para el avaro es la sombra de una imitación del bien. Es doblemente irreal. Ya que un medio (el dinero) es, en cuanto tal, algo distinto de un bien. Pero tomado independientemente de su función de medio, erigido en fin, está todavía más lejos de ser un bien.

Las sensaciones son irreales con relación a los juicios de valor; en cuanto valores, las cosas son irreales para nosotros. Pero la atribución de un falso valor a un objeto también quita realidad a la percepción de ese objeto, pues ahoga la percepción en la imaginación.

Así, solamente el desapego perfecto permite ver las cosas en su desnudez, fuera de esa neblina de valores engañosos. Por esta razón fueron necesarias las úlceras y el estiércol para que la belleza del mundo le fuera revelada a Job. No hay desapego sin dolor. Y no hay dolor soportado sin odio y sin mentira sin que haya también desapego.

El alma que ha pasado la cabeza más allá del cielo se alimenta del ser.

La que está en el interior come la opinión.

La necesidad es esencialmente extraña al imaginario.

Lo que es real en la percepción y la distingue del sueño no son las sensaciones, sino la *necesidad* que involucran esas sensaciones.

"¿Y por qué esas sensaciones y no otras?".

"Es así".

En la vida espiritual, la ilusión y la verdad se distinguen de la misma manera.

Lo que es real en la percepción y la diferencia del sueño no son las sensaciones, es la necesidad.

Distinción entre los que se quedan en la caverna, cierran los ojos e imaginan el viaje y los que viajan. Lo real y lo imaginario también en lo espiritual. También aquí la *necesidad* hace la diferencia. No solo el simple sufrimiento, ya que hay sufrimientos imaginarios. En cuanto al sentimiento interior, no hay nada más engañoso.

¿Cómo distinguir lo imaginario de lo real en el campo espiritual?

Hay que preferir el infierno real al paraíso imaginario.

Lo que distingue los estados elevados de los de abajo es que en los primeros coexisten varios planos superpuestos.

La humildad tiene por objeto abolir lo imaginario en el progreso espiritual. No hay ningún inconveniente en creerse mucho menos adelantados de lo que estamos. La luz no deja de operar su efecto, cuya fuente no está en la opinión. Muchos se creen más adelante, ya que entonces la opinión ejerce su efecto.

Un criterio de realidad es que es dura y áspera. Allí encontramos alegrías, no aprobación. Lo agradable pertenece a la imaginación.

Tratar de amar sin imaginar. Amar la apariencia desnuda y sin interpretación. Lo que amamos entonces es verdaderamente Dios.

Después de haber pasado por el bien absoluto, nos encontramos con los bienes ilusorios y parciales, pero en un orden jerárquico que hace que solo podamos buscar un bien preocupándonos por otro. Este orden es trascendente con relación a los bienes que vincula y es un reflejo del bien absoluto.

Ya la razón discursiva (la inteligencia de las relaciones) ayuda a disolver las idolatrías considerando los bienes y los males como limitados, mezclados y vertiendo unos en otros.

Reconocer el punto en que el bien pasa al mal en tanto que, en la medida en que, con respecto a, etc.

Ir más lejos que la regla de tres.

Se trata siempre de una relación con el tiempo. Perder la ilusión de que el tiempo se posee. Encarnarse.

El hombre debe realizar el acto de encarnarse, pues está desencarnado por la imaginación. Lo que en nosotros procede de Satán es la imaginación.

Remedio contra el amor imaginario. Conceder a Dios en sí un mínimo estricto, lo que no se le puede rehusar absolutamente, y desear que un día, lo más pronto posible, ese estricto mínimo se convierta en todo.

Transposición: creer que nos elevamos porque conservando las mismas bajas inclinaciones (ejemplo: deseo de ganarle al otro) hemos dado objetos elevados.

Por el contrario, nos elevaríamos dando a los objetos bajos inclinaciones elevadas.

En todas las pasiones hay prodigios. Un jugador es capaz de velar y ayunar casi como un santo, tiene premoniciones, etc.

Es un gran peligro amar a Dios como un jugador ama el juego.

Vigilar el nivel en que ponemos el infinito. Si lo ponemos al nivel que solo conviene a lo finito, poco importa el nombre que le demos.

Las partes bajas de mí mismo deben amar a Dios, pero no demasiado. Eso no sería Dios.

Que amen como se tiene hambre o sed. Solo el más elevado tiene derecho de saciarse.

Temor de Dios en san Juan de la Cruz. ¿No es el temor de pensar en Dios cuando somos indignos? ¿De mancharlo pensándolo mal? Por este temor las partes bajas se alejan de Dios.

La carne es peligrosa en cuanto se niega a amar a Dios, pero también en cuanto se mete indiscriminadamente a amarlo.

¿Por qué la voluntad de combatir un prejuicio es señal cierta de que estamos impregnados por él? Eso procede necesariamente de una obsesión. Constituye un esfuerzo totalmente estéril para librarse de él. La luz de la atención en tales temas es la única que es eficaz, y no es compatible con una intención polémica.

Todo el freudismo está impregnado de los prejuicios que se da por misión combatir, a saber, que lo sexual es vil.

Hay una diferencia esencial entre el místico que vuelve hacia Dios la facultad de amar y de desear cuyo fundamento psicológico lo constituye la energía sexual, y la falsa imitación del místico que, dejando a esta facultad su orientación natural y dándole un objeto imaginario, imprime a este objeto como un rótulo el nombre de Dios. La discriminación de estas dos operaciones, de las cuales la segunda es todavía más baja que el libertinaje, es difícil, pero es posible.

Dios y lo sobrenatural están escondidos y sin forma en el universo. Es bueno que estén escondidos y sin nombre en el alma. De otro modo correríamos peligro de dar ese nombre a lo imaginario (los que han alimentado y vestido a Cristo no sabían que era el Cristo). Sentido de los misterios antiguos. El cristianismo (católicos y protestantes) habla demasiado de las cosas santas.

Moral y literatura. Nuestra vida real está compuesta, en más de sus tres cuartas partes, de imaginación y ficción. Raros son los verdaderos contactos con el bien y el mal.

Una ciencia que no nos acerca a Dios no vale nada.

Pero si nos hace acercarnos mal, es decir, a un dios imaginario, es todavía peor...

Es malo creer que yo soy el autor de lo que la naturaleza opera mecánicamente en mí. Pero peor aún es creer que el autor es el Espíritu Santo. Está todavía más lejos de la realidad.

Tipos diferentes de correlaciones y pasajes entre contrarios:

Por la dedicación total a una cosa grande (incluido Dios), dar licencia absoluta en uno mismo a la bajeza.

Por la contemplación de la infinita distancia entre lo que es grande y yo, hacer del yo un instrumento de grandeza.

¿Con qué criterio distinguirlos?

El único, creo, es que la mala correlación vuelve ilimitado lo que no debe serlo.

Entre los hombres —excepto para las formas supremas de la santidad y del genio— lo que da la impresión de ser verdadero es casi necesariamente falso y lo que es verdad da casi necesariamente la impresión de ser falso.

Hace falta trabajo para expresar lo verdadero. También para recibirlo. Expresamos y recibimos lo falso, al menos lo superficial, sin trabajo.

Cuando lo verdadero parece al menos tan verdadero como lo falso, es el triunfo de la santidad o del genio. Así san Francisco hacía llorar a sus oyentes como un predicador vulgar y teatral.

La duración, sean los siglos de las civilizaciones, sean los años y décadas de años del individuo, tiene una función darwiniana de eliminación de lo inepto. Lo que es apto para todo es eterno. En eso solo reside el precio de lo que llamamos la experiencia. Pero la mentira es una armadura por la cual el hombre permite a menudo al inepto que hay en sí mismo sobrevivir a los acontecimientos que sin esa armadura lo matarían (así el orgullo de sobrevivir a las humillaciones), y esta armadura es como segregada por el inepto para detener el peligro (el orgullo, en la humillación, agranda la mentira interior). Hay en el alma como una fagocitosis; todo lo que está amenazado por el tiempo segregado por la mentira para no morir está en proporción al peligro de muerte. Por eso no hay amor a la verdad sin un consentimiento irrestricto a la muerte. La cruz de Cristo es la única puerta del conocimiento.

Considerar cada pecado que he cometido como un favor de Dios. Es un favor que la imperfección esencial que está disimulada en el fondo de mí se haya manifestado en parte a mis ojos tal día, a tal hora, en tal circunstancia. Deseo, suplico que mi imperfección se manifieste íntegramente a mis ojos, tanto cuanto pueda soportar la mirada del pensamiento humano. No para que ella se cure, sino aun cuando no deba curarse, para que yo esté en la verdad.

Todo lo que carece de valor huye de la luz. Aquí abajo podemos ocultarnos bajo la carne. Con la muerte ya no se puede. Somos librados desnudos a la luz. Ahí tenemos, según los casos, infierno, purgatorio o paraíso.

Lo que nos hace retroceder ante los esfuerzos que nos acercarían al bien es la repugnancia de la carne, pero no la repugnancia de la carne ante el esfuerzo. Es la repugnancia de la carne ante el bien. Ya que, por una mala causa, si el estímulo es suficientemente fuerte, la carne aceptará lo que sea, sabiendo que puede hacerlo sin morir. La muerte misma, sufrida por una mala causa, no es verdadera muerte para la parte carnal del alma. Lo mortal para la parte carnal del alma es ver a Dios cara a cara.

Por eso huimos del vacío interior, porque Dios podría deslizarse en él.

No es la búsqueda del placer y la aversión al esfuerzo lo que produce el pecado, sino el miedo a Dios. Sabemos que no podemos verlo cara a cara sin morir y no queremos morir. Sabemos que el pecado nos preserva muy eficazmente de verlo cara a cara. El placer y el dolor nos procuran únicamente el ligero impulso indispensable hacia el pecado, y sobre todo el pretexto, la coartada aún más indispensable. Como hacen falta pretextos para las guerras injustas, hacen falta falsos bienes para el pecado, pues no se puede sostener el pensamiento de que vamos hacia el mal. La carne no es lo que nos aleja de Dios, es el velo que colocamos delante de nosotros para hacer de pantalla entre Dios y nosotros.

Quizá eso es así a partir de un momento determinado. La imagen de la caverna parecería indicarlo. Lo primero que hace mal es el movimiento. Cuando llegamos al orificio, es la luz. No solo nos ciega, sino que además nos hiere. Los ojos se rebelan contra ella.

¿Será verdad que a partir de ese momento solo se pueden cometer pecados mortales? ¿Tomar carne para esconderse de la luz no es un pecado mortal? Pensamiento horrible.

Antes la lepra.

Necesito que Dios me arrebate por la fuerza, pues, si ahora la muerte, suprimiendo la pantalla de la carne, me pusiera cara a cara ante él, me fugaría.

13. Idolatría

La idolatría proviene de que, teniendo sed del bien absoluto, no poseemos la atención sobrenatural ni la paciencia para dejarla crecer.

Faltos de ídolos, con frecuencia, todos los días o casi todos, hay que penar en vacío. No podemos hacerlo sin pan sobrenatural.

La idolatría es, por tanto, una necesidad vital en la caverna. Incluso en los mejores, es inevitable que limite estrechamente la inteligencia y la bondad.

Los pensamientos son cambiantes: obedecen a las pasiones, a las fantasías, al cansancio. La actividad debe ser continua, diaria, muchas horas por día. Por tanto, hacen falta móviles de la actividad que escapen a los pensamientos, a las relaciones: los ídolos.

Los hombres están dispuestos a morir por lo que aman. Solo se diferencian por el nivel de la cosa amada y la concentración o la dispersión del amor. Ninguno se ama a sí mismo.

El hombre quisiera ser egoísta y no puede. Es el carácter más chocante de su miseria y la fuente de su grandeza.

El hombre se entrega siempre a un *orden.* Salvo iluminación sobrenatural, este orden lo tiene por centro a él mismo o a un ser particular (que puede ser una abstracción) al que se transfirió (Napoleón para sus soldados, la Ciencia, el Partido, etc.). Orden perspectivo.

No tenemos que adquirir la humildad. La humildad está en nosotros. Lo que ocurre es que nos humillamos ante falsos dioses.

14. Amor

El amor es un signo de nuestra miseria. Dios solo puede amarse a sí mismo. Nosotros solo podemos amar otra cosa.

No debemos amarlo porque Él nos ama. No es porque Dios nos ama que debemos amarlo. Sino que porque Dios nos ama debemos amarnos. ¿Cómo amarse a sí mismo sin Este motivo?

El amor a sí mismo es imposible para el hombre, salvo por este itinerario.

Si me ponen una banda en los ojos y atan mis manos a un bastón, ese bastón me separa de las cosas, pero las exploro a través de él. Solo siento el bastón, solo percibo el muro. Así ocurre con las criaturas mediante la facultad de amar. El amor sobrenatural no toca más que a las criaturas y solo se dirige a Dios. No ama más que a las criaturas (¿qué otra cosa podemos amar?) pero como intermediarias. En este sentido, ama igualmente a todas las criaturas, incluido a sí mismo. Amar a un extraño como a uno mismo implica la contrapartida de amarse a sí mismo como a un extranjero.

El amor de Dios es puro cuando la alegría y el sufrimiento inspiran *igual* gratitud.

El amor en aquel que es feliz es querer compartir el sufrimiento con el amado desgraciado.

El amor, para el que es desgraciado, es estar colmado por el simple conocimiento de que el amado es feliz, sin tener parte en esta alegría y sin ni siquiera desear tener parte en ella.

A los ojos de Platón, el amor carnal es una imagen degradada del amor verdadero. El amor humano casto (fidelidad conyugal) es una imagen menos degradada. La idea de sublimación no podía surgir más que de la estupidez contemporánea.

Amor de Fedra. Ni ejerce ni padece la fuerza. Esa es su única pureza. El contacto con la espada comporta la misma mancha, tanto del lado de la empuñadura como de la punta. Al que ama, el frío del metal no le quitará el amor, sino que le dará el sentimiento de estar abandonado de Dios. El amor sobrenatural no tiene ningún contacto con la fuerza, pero tampoco protege el alma contra el frío de la fuerza, el frío del fierro. Solo un apego terrenal, si encierra energía suficiente, puede proteger contra el frío del fierro. La armadura está hecha de metal como la espada. Al que ama solo con un amor puro, el homicidio —y todo lo que es violencia, sin llegar a la muerte misma— le hiela el alma, ya sea autor o víctima. Si deseamos un amor que proteja el alma contra las heridas, hay que amar otra cosa distinta de Dios.

El amor tiende a ir siempre más lejos. Pero tiene un límite. Cuando se supera el límite, el amor se vuelve odio. Para evitarlo, hay que hacer que el amor se haga otro.

Entre los seres humanos solo reconocemos plenamente la existencia de aquellos que amamos.

La creencia en la existencia de otros seres humanos como tales es *amor*.

El espíritu no está forzado a creer en la existencia de nada (subjetivismo, idealismo absoluto, solipsismo, escepticismo: ver los *Upanishads*, los taoístas y Platón, todos ellos usan esta actitud filosófica a título de purificación). Ese es el motivo por el que el único órgano de contacto con la existencia es la aceptación, el amor. Por eso, realidad y belleza son idénticas. Por eso, la alegría y el sentimiento de la realidad son idénticos.

Esta necesidad de ser el creador de lo que amamos es necesidad de imitar a Dios. Pero es una inclinación a la falsa divinidad. A menos que se recurra al modelo visto desde el otro lado del cielo…

Amor puro a las criaturas: no amor en Dios, sino amor que ha pasado por Dios como por el fuego. Amor que se separa completamente de las criaturas para subir a Dios y vuelve a bajar asociado al amor creador de Dios.

Así se unen los dos contrarios que desgarran el amor humano: amar al ser amado tal cual es y desear recrearlo.

Amor imaginario por las criaturas. Estamos atados por una cuerda a todos los objetos de apego y la cuerda siempre puede cortarse. También estamos atados con una cuerda al Dios imaginario, al Dios para quien el amor es también atadura. Pero al Dios real no estamos atados y por eso no hay cuerda que pueda cortarse. Él entra en nosotros. Únicamente Él puede entrar en nosotros. Las demás cosas se quedan en el exterior, y solo conocemos de ellas las tensiones variables de grado y de dirección impresas en la cuerda cuando hay desplazamientos en ellas o en nosotros.

El amor necesita la realidad. ¿Qué puede ser más atroz que darse cuenta de que amamos a un bien imaginario a través de la apariencia corporal? Más atroz que la muerte, pues la muerte no impide que el amado haya sido.

Es el castigo del crimen de haber alimentado el amor con la imaginación.

Es una cobardía buscar en (o desear dar a) la gente que amamos otro consuelo que el que nos dan las obras de arte, que nos ayudan por el simple hecho de *existir*. Amar y ser amados, eso hace que mutuamente nuestra existencia sea más concreta, esté más constantemente presente para el espíritu. Pero debe estar presente como la fuente de los pensamientos, no como su objeto. Si hay lugar para desear ser comprendidos, no es por uno mismo, sino por el otro, para existir para él.

Todo lo que es vil o mediocre en nosotros se rebela contra la pureza y tiene necesidad, para salvar su vida, de manchar esta pureza.

Manchar es modificar, es tocar. Lo bello es eso que no podemos querer cambiar. Tomar el poder es ensuciar. Poseer es manchar.

Amar puramente es consentir a la distancia, es adorar la distancia entre uno mismo y lo que amamos.

La imaginación siempre está ligada a un deseo, es decir, a un valor. Solo el deseo sin objeto está vacío de imaginación. Hay una presencia real de Dios en todo lo que la imaginación no vela. Lo bello atrapa el deseo en nosotros y lo vacía de objeto dándole un objeto presente y prohibiéndole así lanzarse hacia el futuro.

Tal es el precio del amor casto. Todo deseo de gozo se sitúa en el futuro, en lo ilusorio. En cambio, si queremos que un ser exista, existe: ¿qué más desear, entonces? El ser amado está entonces desnudo y real, no velado por un porvenir imaginario. El avaro no mira nunca su tesoro sin imaginarlo *n* veces más grande. Hay que estar muerto para ver las cosas desnudas.

Así, en el amor, hay castidad o falta de castidad según el deseo se dirija o no hacia el futuro.

En ese caso, y a condición de que no sea dirigido hacia una pseudoinmortalidad concebida sobre el modelo del futuro, el amor que profesamos a los muertos es perfectamente puro. Pues es el deseo de una vida finita que ya no puede dar nada nuevo. Deseamos que el muerto haya existido, y ha existido.

Allí donde el espíritu cesa de ser principio, también cesa de ser fin. De ahí la conexión rigurosa entre el "pensamiento" colectivo bajo todas sus formas y la pérdida de sentido, del respeto a las almas. El alma es el ser humano considerado como un valor en sí. Amar el alma de una mujer no es pensar en esa mujer en función del propio placer, etc. El amor ya no sabe contemplar, desea poseer (desaparición del amor platónico).

Es una falta desear ser comprendido antes de haber uno dilucidado el propio yo ante sus propios ojos. Es buscar placeres —no merecidos— en la amistad. Es algo más corruptor aún que el amor. Venderías tu alma por la amistad.

Aprende a rechazar la amistad, o, mejor dicho, el sueño de la amistad. Desear la amistad es una gran falta. La amistad debe ser una alegría gratuita como las que proporcionan el arte o la vida. Hay que rechazarla para ser digno de recibirla: es del orden de la gracia ("Dios mío, aléjate de mí..."). Es de esas cosas que se dan por añadidura. Todo sueño de amistad merece ser quebrado. No es casualidad que tú nunca hayas sido amada... Desear escapar a la soledad es una cobardía. La amistad no se busca, no se sueña, no se desea; se ejerce (es una virtud). Abolir todo este margen de sentimiento impuro y turbio, ¡*schluss*!

O más bien (ya que no hay que podar dentro de uno con excesivo rigor), todo lo que en la amistad no pasa a través de intercambios efectivos debe pasar en pensamientos reflexivos. Es totalmente inútil prescindir de la virtud inspiradora de la amistad. Lo que debe estar prohibido severamente es soñar con los goces del sentimiento. Es la corrupción. Y es también algo tan tonto como soñar con la música o la pintura. Igual que lo bello, la amistad tampoco se deja separar de la realidad. Constituye un milagro, como lo bello. Y el milagro consiste simplemente en el hecho de que *existe.* A los 25 años, ya es tiempo sobrado de superar radicalmente la adolescencia...

No te dejes aprisionar por ningún afecto. Preserva tu soledad. El día, si alguna vez llegara, en el que te sea dado un afecto verdadero, no habrá oposición entre la soledad interior y la amistad, al contrario. La reconocerás, precisamente, por esa señal infalible. Los otros afectos deben ser severamente disciplinados.

Las mismas palabras —por ejemplo, un hombre que dice a su mujer: te amo— pueden ser vulgares o extraordinarias, según cómo se pronuncien. Y ese modo depende de la profundidad de la región del ser de donde procedan, sin que la voluntad pueda nada allí. Y por un maravilloso acorde, tocan en quien escucha la misma región del ser. Así, el que escucha puede discernir, si tiene discernimiento, lo que valen esas palabras.

El beneficio está permitido precisamente porque constituye una humillación aún más grande que el dolor, una prueba aún más íntima y más irrecusable de dependencia. Y el reconocimiento no debe constituir en ningún grado una atadura, ya que ese es el reconocimiento de los perros.

El reconocimiento es, en primer lugar, del que ayuda, si su ayuda es pura. No se debe por obligación sino a título de reciprocidad.

Para experimentar una gratitud pura —dejando de lado el caso de la amistad— tengo necesidad de pensar que me tratan bien, no por piedad, o por simpatía, o por capricho, a título de favor o de privilegio, ni tampoco por un efecto natural del temperamento, sino por el deseo de hacer lo que exige la justicia. Por tanto, el que me trata así desea que todos aquellos que están en mi situación sean tratados así por todos los que están en la situación de él.

15. El mal

La creación: el bien hecho añicos y desparramado a través del mal. El mal es lo ilimitado, pero no es el infinito.

Solo el infinito limita lo ilimitado.

Monotonía del mal: nada nuevo, todo allí es *equivalente.* Nada es real; allí todo es imaginario.

Es a causa de esta monotonía que la cantidad juega un papel tan importante. Muchas mujeres (Don Juan) u hombres (Celimena), etc. Condenado a la falsa infinitud. Es el mismo infierno.

El mal es la licencia, y es por eso que es monótono: hay que sacar todo de uno mismo. No obstante, no es dado al hombre crear. Es una mala tentativa de imitar a Dios.

No conocer y aceptar esta imposibilidad de crear es fuente de muchos errores. Debemos imitar el acto de crear. Hay dos modos posibles —uno real, otro aparente—: conservar y destruir.

No hay huellas del "yo" en la conservación. Sí en la destrucción. El "yo" deja su marca en el mundo destruyendo.

Literatura y moral. El mal imaginario es romántico, variado; el mal real es hosco, monótono, desértico, aburrido. El bien imaginario es aburrido; el bien real es siempre novedoso, maravilloso, embriagador. Por eso la "literatura de imaginación" es aburrida o inmoral (o una mezcla de las dos). Escapa a esta alternativa pasando de algún modo del lado de la realidad, a fuerza de arte, lo que solo el genio puede conseguir.

Hay cierta virtud inferior que es una imagen degradada del bien, de la que hay que arrepentirse. Es más difícil arrepentirse de ella que del mal. El fariseo y el publicano.

El bien como contrario del mal le es equivalente, en cierto sentido, como todos los contrarios.

Lo que el mal viola no es el bien, ya que el bien es inviolable, sino un bien degradado.

Lo que es directamente contrario a un mal nunca pertenece al orden del bien superior. ¡Por lo general apenas está por encima del mal! Ejemplos: robo y respeto burgués de la propiedad; adulterio y "mujer honesta"; caja de ahorro y despilfarro; engaño y "sinceridad".

El bien es algo esencialmente distinto del mal. El mal es múltiple y fragmentario; el bien es uno. El mal es manifiesto; el bien es misterioso. El mal consiste en acciones; el bien, en la inacción, en acción no actuante, etc. El bien tomado a nivel de mal y oponiéndose como su contrario es un bien del código penal. Por encima se encuentra un bien que, en cierto sentido, se parece más al mal que esa forma baja de bien. Esto hace posible mucha demagogia y paradojas fastidiosas.

El bien definido de la manera como se define el mal debe ser negado. Ahora bien, el mal lo niega. Pero lo niega mal.

¿Hay unión de vicios incompatibles en los seres dedicados al mal? No lo creo. Los vicios están sometidos a la gravedad, y por eso no hay ni trascendencia en el mal.

Solo tenemos experiencia del bien realizándolo.

Solo tenemos la experiencia del mal negándonos a realizarlo o, si lo hemos cometido, arrepintiéndonos de haberlo hecho.

Cuando hacemos el mal, no lo conocemos, porque el mal huye de la luz.

¿Existe el mal, tal como lo concebimos cuando no lo hacemos? El mal que hacemos ¿no parece algo simple, algo natural, que se impone? ¿No es el mal algo análogo a la ilusión? Cuando somos víctimas de la ilusión, no la sentimos como una ilusión, sino como una realidad. Lo mismo puede ocurrir con el mal. Cuando estamos en el mal, no lo sentimos como mal, sino como necesidad y hasta como deber.

Tan pronto como hacemos el mal, el mal aparece como una especie de deber. La mayoría tiene el sentimiento del deber en ciertas cosas malas y otras buenas. Un mismo hombre experimenta como un deber vender lo más caro posible y no robar, etc. El bien en ellos está al mismo nivel que el mal; es un bien que no da luz.

La sensibilidad del inocente que sufre es como un crimen sensible. El verdadero crimen no es sensible. El inocente que sufre sabe la verdad por encima de su verdugo; el verdugo no lo sabe. El mal que el inocente siente en él mismo está en su verdugo, pero este no lo siente. El inocente solo puede conocer el mal como sufrimiento. Lo que en el criminal no es sensible es el crimen. Lo que en el inocente no es sensible es la inocencia.

El inocente es el que puede sentir el infierno.

El pecado que tenemos en nosotros sale de nosotros y se propaga hacia afuera, efectuando un contagio de pecados. Así, cuando estamos irritados, nuestro entorno se irrita. También de superior a inferior: la cólera suscita el miedo. Pero al contacto con un ser perfectamente puro, hay una trasmutación, y el pecado se convierte en sufrimiento. Tal es la función del justo, del cordero de Dios en Isaías. Tal es el sufrimiento redentor. Toda la violencia criminal del Imperio romano chocó contra Cristo, y en Él se convirtió en puro sufrimiento. Los seres malos, en cambio, transforman el simple sufrimiento —por ejemplo, la enfermedad— en pecado.

De ahí se sigue quizá que el dolor redentor debe ser de origen social. Debe ser injusticia, violencia ejercida por seres humanos.

El falso Dios cambia el sufrimiento en violencia. El verdadero Dios cambia la violencia en sufrimiento.

El sufrimiento expiatorio es el golpe que de rebote produce el mal que hacemos. Y el sufrimiento redentor es la sombra del bien puro que deseamos.

El acto malvado es una transferencia a otro de la degradación que llevamos en nosotros mismos. Por eso nos inclinamos ante él, como ante una liberación.

Todo crimen es una transferencia de mal del que lo hace al que lo sufre. El amor ilegítimo como el homicidio.

El aparato de la justicia penal está tan contaminado por el mal por estar en contacto con los reos desde hace siglos —sin purificación que lo compense— que una condena es muchas veces una transferencia de mal, del sistema penal al condenado, y esto incluso cuando es culpable y si la pena no es desproporcionada. Los criminales endurecidos son los únicos a los que el aparato penal no puede hacerles mal. A los inocentes, les hace un mal tremendo.

Cuando hay transferencia de mal, el mal no disminuye en aquel de donde procede sino que aumenta. Fenómeno de multiplicación. Y lo mismo pasa con la transferencia del mal que se efectúa sobre los objetos.

Entonces ¿dónde poner el mal?

Hay que transferirlo de la parte impura a la parte pura de sí mismo, transmutándolo así en puro sufrimiento. El crimen que tenemos en nosotros mismos hay que infligirlo a uno mismo.

Pero así rápidamente llegaríamos a manchar el punto de pureza interior si no lo renováramos al contacto con una pureza inalterable, que esté más allá de todo alcance.

La paciencia consiste en no transformar el sufrimiento en crimen. Eso basta ya para transformar el crimen en sufrimiento.

Transferir el mal a las cosas exteriores es deformar la relación de las cosas. Lo que es exacto, determinado, número, proporción, armonía resiste a esta deformación. Sea cual sea mi estado de vigor o de cansancio, en cinco kilómetros hay cinco mojones. Por eso, cuando sufrimos, el número hace mal: se opone a la operación de transferencia. Fijar la atención sobre lo que es demasiado riguroso para ser deformado por mis cambios interiores es preparar en mí la aparición de un invariante y el acceso a la eternidad.

Aceptar el mal que nos hacen como remedio al mal que hemos hecho.

El verdadero remedio no es el sufrimiento que nos imponemos a nosotros mismos, sino el que viene de afuera. Y se requiere que este sea injusto. Cuando se pecó de injusticia no basta sufrir justamente, es necesario sufrir la injusticia.

La pureza es absolutamente invulnerable en tanto que pureza, en el sentido de que ninguna violencia puede hacerla menos pura. Pero es eminentemente vulnerable en el sentido de que todo mal que la alcanza la hace sufrir, todo pecado que la toca se convierte en sufrimiento para ella.

Si me hacen mal, desear que ese mal no me degrade, por amor a quien me lo inflige, con el fin de que él no haya hecho verdaderamente un mal.

Los santos (los casi santos) están más expuestos que los otros al diablo, porque el conocimiento real que tienen de su miseria les hace la luz *casi* intolerable.

El pecado contra el Espíritu consiste en conocer una cosa como buena y odiarla en cuanto que buena. Experimentamos lo equivalente a eso bajo forma de resistencia cada vez que nos orientamos hacia el bien. Porque todo contacto con el bien produce un conocimiento de la distancia entre el mal y el bien y un comienzo de esfuerzo penoso de asimilación. Es un dolor y le tenemos miedo. Este miedo es quizá el signo de la realidad del contacto. El pecado correspondiente solo puede producirse si la falta de esperanza vuelve intolerable la conciencia de la distancia y convierte el dolor en odio. La esperanza es un remedio con relación a esto. Pero mejor remedio aún es la indiferencia hacia uno mismo; estar feliz de que el bien sea el bien, aunque estemos lejos de él, y aun cuando supuestamente estuviéramos destinados a alejarnos de él infinitamente.

Una vez que un átomo de bien puro ha entrado en el alma, la debilidad más grande, la debilidad más criminal es infinitamente menos peligrosa que la mínima traición, esta se reduciría a un acto del pensamiento —puramente interior— que solo dura un instante, pero consentido. Es una participación del infierno. Hasta que el alma no ha saboreado el bien puro, está separada tanto del infierno como del paraíso.

Una elección infernal solo es posible por apego a la salvación. Quien no desea el gozo de Dios, pero se conforma con saber que en Dios realmente hay gozo, cae, pero no traiciona.

Cuando amamos a Dios a través del mal como tal, es a Dios a quien amamos verdaderamente.

Amar a Dios a través del mal en cuanto tal. Amar a Dios a través del mal que odiamos, odiando ese mal. Amar a Dios como autor del mal que odiamos.

El mal es al amor lo que el misterio es a la inteligencia. Así como el misterio obliga a la virtud de la fe a ser sobrenatural, del mismo modo el mal obliga a la virtud de la caridad. Y tratar de encontrar compensaciones, justificaciones al mal es tan dañoso para la caridad como tratar de exponer el contenido de los misterios en el plano de la inteligencia humana.

Discurso de Iván en los *Karamazov*: "Aunque esta inmensa fábrica produjese las más extraordinarias maravillas y solo costara una lágrima de un niño, yo la rechazo".

Adhiero completamente a este sentimiento. Sea cual sea el motivo que me puedan dar para compensar una lágrima de un niño, nada me hará aceptar esa lágrima. Absolutamente ningún motivo que la inteligencia pueda concebir. Uno solo, pero este solo es inteligible para el amor sobrenatural: que Dios lo quiera. Y, por ese motivo, aceptaría tanto un mundo que fuera puro mal como una lágrima de niño.

La agonía es la suprema noche oscura que incluso los perfectos necesitan para su pureza absoluta, y por eso es mejor que sea amarga.

Lo que constituye el mal es la irrealidad que quita el bien del bien. El mal es siempre la destrucción de las cosas sensibles donde hay presencia real del bien. El mal lo realizan aquellos que no conocen esa presencia real. En ese sentido es verdad que nadie es malo voluntariamente. Las relaciones de fuerza dan a la ausencia el poder de destruir la presencia.

No podemos contemplar sin terror la extensión del mal que el hombre puede hacer y padecer.

¿Cómo podríamos creer que sea posible encontrar una compensación a este mal, ya que, a causa de ese mal, Dios sufrió la crucifixión?

Bien y mal. Realidad. Es el bien aquello que da más realidad a los seres y a las cosas; el mal, lo que se la quita.

Los romanos hicieron el mal despojando a las ciudades griegas de sus estatuas, porque las ciudades, los templos, la vida de los griegos tenían menos realidad sin las estatuas, y porque esas estatuas no podían tener tanta realidad en Roma como en Grecia.

Súplicas desesperadas, humildes de los griegos para conservar algunas estatuas: intento desesperado de hacer pasar la propia noción de los valores al espíritu de otro. Así comprendida no tiene nada de bajo. Pero es casi necesariamente ineficaz. Deber de comprender y de pesar el sistema de valores de otro con el propio, en la misma balanza. Forjar la balanza.

Dejar que la imaginación se demore en el mal implica una especie de cobardía; esperamos gozar, conocer y crecer con lo irreal.

Incluso divagar con la imaginación sobre ciertas cosas posibles (lo que es muy distinto de concebir claramente su posibilidad; lo que es esencial para la virtud) ya es comprometerse. La causa de eso es la imaginación. Prohibirse (no concebirlos sino detenerse en) ciertos pensamientos; no pensar en ello. Creemos que el pensamiento no compromete, pero solo el pensamiento te compromete, y la licencia de pensar encierra toda licencia. Facultad suprema: no "pensar en". Pureza, virtud negativa. Habiendo detenido la imaginación en una cosa mala, si encontramos otros hombres que la hacen objetiva por sus palabras y sus acciones suprimiendo así las barreras sociales, ya estamos casi perdidos. ¿Qué es más fácil? No hay punto de quiebre; cuando vemos el foso, ya lo hemos saltado. Para el bien, es todo lo contrario: el foso se ve cuando tenemos que franquearlo, en el momento de arrancar y de desprendernos. No se cae en el bien. La palabra "bajeza" expresa esa propiedad del mal.

Incluso cuando se realiza, el mal conserva este carácter de irrealidad; de ahí proviene quizá la simplicidad de los criminales; todo es simple en el sueño. Simplicidad que hace de contrapeso a la virtud suprema.

Es necesario que el mal se purifique, o la vida será imposible. Solo Dios puede hacer eso. Es la idea de la *Gita*. También es la idea de Moisés, de Mahoma, del hitlerismo...

Pero Jehová, Alá, Hitler son dioses terrenos; la purificación, tal como ellos la operan, es imaginaria.

Lo que es esencialmente otro que el mal es la virtud acompañada de una percepción clara de la posibilidad del mal, y del mal que aparece como un bien. La presencia de ilusiones abandonadas, pero presentes al pensamiento, es quizá el criterio de verdad. Solo se puede tener horror de hacer el mal a otro si estamos en esa situación en que el otro no nos puede hacer mal (amamos entonces a los otros al límite, como un yo caducado).

La contemplación de la miseria humana nos lleva hacia Dios, y solamente podemos contemplarla en el otro amado como en nosotros mismos. No podemos contemplarla en sí misma ni en nosotros, ni en otro.

La extrema desgracia que se apodera de los seres humanos no crea la miseria humana, la revela.

El pecado y el prestigio de la fuerza. Por el hecho de que el alma entera no ha sabido conocer y aceptar la miseria humana, creemos que hay diferencia entre los seres humanos, y por ese lado faltamos a la justicia, ya sea haciendo diferencia entre nosotros y los demás, ya sea haciendo distinciones de personas entre los otros.

Eso proviene de que no sabemos que la miseria humana es una cantidad constante e irreductible, tan grande como es posible en cada hombre, y que la grandeza viene de un solo Dios, de manera que hay identidad entre un hombre y otro.

Nos asombramos de que la desgracia no ennoblezca. Es que cuando pensamos en un desgraciado, pensamos en su desgracia. Pero el desgraciado no piensa en su desgracia: tiene el alma llena del más pequeño alivio que pueda desear.

¿Cómo no habría mal en el mundo? Es preciso que el mundo sea extraño a nuestros deseos. Si él no contuviera el mal, entonces nuestros deseos serían enteramente malos. No debe ser así.

Entre la criatura y Dios están todas las gamas de distancia. Una distancia donde el amor de Dios es imposible. Materia, plantas, animales. El mal es tan completo que se destruye; ya no hay más mal: espejo de la inocencia divina. Estamos situados en el punto en que el amor es posible. Es un gran privilegio, ya que el amor que une es proporcional a la distancia.

Dios creó un mundo que no es el mejor posible, pero que encierra todos los grados de bien y de mal. Estamos en el punto en que es posible el mal mayor. Más allá está el grado en el que el mal se convierte en inocencia.

16. La desgracia

Sufrimiento: superioridad del hombre sobre Dios. Ha sido necesaria la Encarnación para que esta superioridad no sea escandalosa.

No debo amar mi sufrimiento porque es útil, sino porque *es*.

Aceptar la amargura; no hace falta que la aceptación rebote sobre la amargura y la disminuya, porque entonces la aceptación es proporcionalmente menor en fuerza y en pureza, pues el objeto de la aceptación es aquello que es amargo en cuanto amargo, y no otra cosa. Decir como Iván Karamazov: nada vale la lágrima de un niño. Y, sin embargo, aceptar todas las lágrimas y los innumerables horrores que están más allá de las lágrimas. Aceptar esas cosas no por las compensaciones que comportan, sino por sí mismas. Aceptar que sean simplemente porque son.

Si en este mundo no hubiera desgracia, podríamos creernos en el paraíso.

Dos concepciones del infierno. La ordinaria (sufrimiento sin consuelo); la mía (falsa beatitud, creerse por error en el paraíso).

Pureza más grande del dolor físico (Thibon). De ahí, la dignidad más grande del pueblo.

No buscar no sufrir ni sufrir menos, sino no ser alterado por el sufrimiento.

La grandeza extrema del cristianismo viene de que no busca un remedio sobrenatural contra el sufrimiento, sino un uso sobrenatural del sufrimiento.

Hay que esforzarse cuanto sea posible por evitar la desgracia, para que la desgracia que encontremos sea perfectamente pura y perfectamente amarga.

La alegría es la plenitud del sentimiento de lo real.

Pero es mejor sufrir conservando el sentimiento de lo real. Sufrir sin naufragar en la pesadilla. Que el dolor sea, en sentido puramente exterior, en un sentido puramente interior. Para eso es necesario que resida solo en la sensibilidad. Entonces es exterior (como estando fuera de las partes espirituales del alma) e interior (como concentrado todo en nosotros mismos, sin recaer en el universo para alterarlo).

La desgracia obliga a reconocer como real lo que creíamos imposible.

Desgracia: el tiempo lleva al ser pensante a pesar suyo hacia lo que no puede soportar y que, sin embargo, vendrá. "Aparta de mí este cáliz". Cada segundo que pasa arrastra a un ser del mundo hacia algo que no puede soportar.

Hay un punto en la desgracia en el que ya no se es capaz de soportar ni que continúe ni que seamos liberados de ella.

El sufrimiento no es nada fuera de la relación entre el pasado y el futuro, pero ¿qué hay que sea más real para el hombre que esta relación? Es la realidad misma.

Futuro. Pensamos que vendrá mañana hasta el momento en que pensamos que no ocurrirá nunca.

Dos pensamientos aligeran un poco la desgracia. O que va a cesar casi inmediatamente o que no cesará jamás. Imposible o necesaria. Pero no podemos pensar que simplemente es. Eso es insostenible.

"No es posible". Lo que no es posible es pensar en un futuro en el que la desgracia continuara. El impulso natural del pensamiento hacia el futuro se detiene, el ser es desgarrado en su sentimiento del tiempo. "Dentro de un mes, dentro de un año, ¿cómo sufriremos?".

El ser que no puede soportar pensar ni en el pasado ni en el futuro desciende hasta la materia. Los rusos blancos de la Renault. Podemos así aprender a obedecer como la materia, pero sin duda ellos se fabricaban pasados y futuros cercanos y engañosos.

Fragmentación del tiempo para los criminales y prostitutas; lo mismo ocurre con los esclavos. Es, pues, un carácter de la desgracia.

El tiempo violenta; es la única violencia. Otro te ceñirá y te llevará a donde tú no puedes ir; el tiempo lleva a donde no queremos ir. Que me condenen a muerte: no me ejecutarán si, en el intervalo, el tiempo se detiene. ¿Qué atrocidad puede ocurrir para desear que el tiempo se detenga, que se detengan las estrellas? La violencia del tiempo desgarra el alma: por ese desgarramiento penetra la eternidad.

Todos los problemas se reducen al tiempo.

Dolor extremo: tiempo no orientado: vía al infierno o al paraíso. Perpetuidad o eternidad.

La alegría y el dolor no se oponen, sino las especies de una y otro. Hay una alegría y un dolor infernales, una alegría y un dolor sanadores, una alegría y un dolor celestiales.

Por naturaleza, huimos del sufrimiento y buscamos el placer. Únicamente por ahí la alegría sirve de imagen al bien y el dolor, de imagen al mal. De allí la imaginería del paraíso y del infierno. Pero, de hecho, placer y dolor forman una pareja inseparable.

Sufrimiento, enseñanza y transformación. Es necesario no que los iniciados aprendan algo, sino que se opere en ellos una transformación que los haga aptos para recibir la enseñanza.

Pathos significa a la vez *sufrimiento* (especialmente sufrimiento hasta la muerte) y *modificación* (especialmente transformación en un ser inmortal).

El sufrimiento y el gozo como fuentes del saber. La serpiente ofreció el conocimiento a Adán y Eva. Las sirenas lo ofrecen a Ulises. Estas historias nos enseñan que el alma se pierde si busca el conocimiento en el placer. ¿Por qué? El placer puede ser inocente, a condición de que no busquemos el conocimiento en él. Solo es permitido buscarlo en el sufrimiento.

El infinito que reside en el hombre está a la merced de un pedacito de hierro: tal es la condición humana. Espacio y tiempo son su causa. Imposible manejar ese pedazo de hierro sin reducir bruscamente el infinito que está en el hombre a un punto de la punta, o a un punto en la empuñadura, al precio de un dolor desgarrador. Todo el ser es alcanzado en un instante; allí no queda ningún lugar para Dios, ni siquiera en Cristo, en quien el pensamiento de Dios ya no es más que una privación. Hay que llegar hasta ahí para que haya encarnación. El ser íntegro deviene privación de Dios; ¿cómo ir más allá de eso? Mas allá de eso no hay más que la resurrección. Para llegar allí es preciso el contacto frío con el hierro desnudo.

Al contacto con el hierro, es necesario sentirse separado de Dios, como Cristo, sin lo cual sería otro Dios. Los mártires no se sentían separados de Dios, pero era otro Dios y quizá era preferible no ser mártir. El Dios en el que los mártires encontraban la alegría en los tormentos o en la muerte está cerca de quien ha sido oficialmente adoptado por el Imperio y luego impuesto por los exterminios.

Decir que el mundo no vale nada, que esta vida no vale nada, y dar como prueba el mal, es absurdo, ya que, si no vale nada, ¿de qué nos priva el mal?

Así el sufrimiento en la desgracia y la compasión hacia el otro son tanto más puros y más intensos cuando mejor concebimos la plenitud de la alegría. ¿De qué puede privar el sufrimiento al que carece de alegría?

Y si concebimos la plenitud de la alegría, el sufrimiento es entonces a la alegría lo que el hambre al alimento.

Es necesario haber tenido por la alegría la revelación de la realidad para encontrar la realidad en el sufrimiento. En caso contrario, la vida no es más que un sueño más o menos malo.

Hay que llegar a encontrar una realidad más plena en el sufrimiento que es nada y vacío.

Así, hay que amar mucho la vida para amar aún más la muerte.

17. La violencia

La muerte es lo más precioso que se ha dado al hombre. Por eso, la suprema impiedad consiste en hacer un mal uso de ella. Morir mal. Matar mal. (Pero ¿cómo escapar a la vez al suicidio y a la muerte?). Después de la muerte, el amor. Problema análogo: ni gozar mal, ni privarse mal. La guerra y Eros son las dos fuentes de ilusión y de mentira entre los hombres. La mezcla de ellas es la mayor impureza.

Esforzarse por sustituir cada vez más en el mundo la violencia por la no violencia *eficaz*.

La no violencia solamente es buena si es eficaz. Así, la pregunta de un joven a Gandhi a propósito de su hermana. La respuesta debería ser: utiliza la fuerza, a menos que puedas protegerla con las mismas probabilidades de éxito sin violencia. A menos que tú poseas una irradiación cuya energía, es decir, su eficacia posible —en el sentido más material— sea igual a la que contienen tus músculos.

Esforcémonos por transformarnos en tales que seamos no violentos.

Eso depende también del adversario.

Causa de las guerras: cada hombre, cada grupo humano se siente con justo título legítimo amo y señor del universo. Pero esta posesión se malinterpreta, porque se ignora que el acceso a ella —aunque es posible al hombre sobre la tierra— pasa, para cada uno, por su propio cuerpo. Alejandro es a un propietario rural lo que Don Juan a un marido feliz.

Guerra. Mantener intacto en uno mismo el amor a la vida. Nunca infligir la muerte sin aceptarla para uno mismo.

En el caso en que la vida de X... estuviera ligada a la propia vida hasta el punto de que las dos muertes debieran ser simultáneas, ¿querríamos, no obstante, matar al otro? Si el cuerpo y toda el alma aspiran a la vida y, pese a eso, podemos responder que sí sin mentir, entonces tenemos derecho a matar.

18. La cruz

El que toma la espada por la espada perecerá. Y el que no toma la espada (o la suelta) perecerá en la cruz.

Cristo curando enfermos, resucitando muertos, etc., es la parte humilde, humana, casi baja de su misión. La parte sobrenatural es el sudor de sangre, el deseo insatisfecho de consuelos humanos, la súplica de ser salvado, el sentimiento de que Dios lo ha abandonado.

El abandono en el momento supremo de la crucifixión, ¡qué abismo de amor en los extremos!

"Dios mío, Dios mío, ¿por qué me has abandonado?".

Ahí tenemos la prueba verdadera de que el cristianismo es algo divino.

Para ser justo, hay que estar desnudo y muerto. Sin imaginación. Por eso el modelo de la justicia debe estar desnudo y muerto. Solamente la cruz no es susceptible de una imitación imaginaria.

Hace falta que haya un hombre justo para imitarlo; para que la imitación de Dios no sea una simple palabra, pero es necesario, para que seamos llevados más allá de la voluntad, que no podamos querer imitarlo. No podemos querer la cruz.

Podríamos querer cualquier nivel de ascetismo o de heroísmo, pero no la cruz que es sufrimiento penal.

Los que conciben la crucifixión solo bajo el aspecto de ofrenda borran de ella el misterio y la amargura salvífica. Desear el martirio es demasiado poco. La cruz es infinitamente más que el martirio.

El sufrimiento más puramente amargo, el sufrimiento penal, como garantía de autenticidad.

Cruz. El árbol del pecado fue un árbol verdadero. El árbol de la vida fue un poste. Algo que no da frutos tiene solo el movimiento vertical. "Es preciso que el hijo del hombre sea levantado de la tierra y atraerá a todos hacia Él". Podemos matar en nosotros la energía vital conservando solo el movimiento vertical. Las hojas y los frutos son despilfarro de energía si solo queremos subir.

Eva y Adán han querido buscar la divinidad en la energía vital. Un árbol, un fruto. Pero se nos prepara en una madera muerta, geométricamente dividida, de la que cuelga un cadáver. El secreto de nuestro parentesco con Dios hay que buscarlo en nuestra mortalidad.

Dios se agota a través del espesor infinito del tiempo y del espacio, para alcanzar el alma y seducirla. Si ella se deja arrancar un consentimiento puro y pleno, aunque dure solo lo que un relámpago, entonces Dios la conquista. Y cuando ella se ha convertido en una cosa enteramente de él, la abandona. La deja completamente sola. Y ella debe, a su turno, pero a tientas, atravesar el espesor infinito del tiempo y del espacio, a la búsqueda de aquel al que ama.

Así es como el alma rehace, en sentido inverso, el viaje que Dios hizo hacia ella. Y eso es la cruz.

Dios es crucificado por el hecho de que los seres finitos, sometidos a la necesidad, al espacio y al tiempo, piensan.

Saber que, como ser pensante y finito, soy Dios crucificado.

Parecerse a Dios, pero a Dios crucificado.

Al Dios todopoderoso, aunque esté atado por la necesidad.

Prometeo, el Dios crucificado por haber amado demasiado a los hombres. Hipólito, el hombre castigado por haber sido demasiado puro y demasiado amigo de los dioses. El acercamiento de lo humano y lo divino llama al castigo. Somos lo más alejado de Dios. El límite extremo desde donde es imposible volver a él. Dios está desgarrado en nuestro ser. Somos la crucifixión de Dios. El amor de Dios por nosotros es pasión. ¿Cómo el bien podría amar el mal sin sufrir? Y el mal también sufre amando el bien. El amor mutuo de Dios y del hombre es sufrimiento.

Para que sintamos la distancia entre nosotros y Dios, es preciso que Dios sea un esclavo crucificado. Ya que solo sentimos la distancia hacia abajo. Es mucho más fácil ponerse con la imaginación en el lugar de Dios creador que en el lugar de Cristo crucificado.

Dimensiones de la caridad de Cristo: la distancia entre Dios y la criatura.

La función de mediación, por sí misma, implica fragmentación...

Por eso no podemos concebir el descenso de Dios hacia el hombre o la ascensión del hombre hacia Dios sin fragmentaciones.

Tenemos que atravesar —y Dios para venir a nosotros, puesto que él viene primero— el espesor infinito del tiempo y del espacio. En la relación entre Dios y el hombre, el amor es el más grande. Es tan grande como la distancia a franquear.

Para que el amor sea lo más grande posible, la distancia es la más grande posible. Esa es la razón por la que el mal puede ir hasta el límite extremo más allá del cual la posibilidad misma del bien desaparece. Tiene licencia para tocar este límite. Parece que a veces lo supera.

Esto es en cierto sentido exactamente lo contrario del pensamiento de Leibniz. Ciertamente es más compatible con la grandeza de Dios, ya que si hubiera hecho el mejor de los mundos posibles podría muy poco.

Dios atraviesa el espesor del mundo para venir a nosotros. La Pasión es la existencia de la justicia perfecta sin mezcla alguna de apariencia. La justicia es esencialmente inoperante. Es necesario que sea trascendente o sufriente.

Es la justicia puramente sobrenatural, absolutamente despojada de todo auxilio sensible, incluso del amor de Dios en tanto es sensible.

El sufrimiento redentor es el que pone al desnudo el sufrimiento y lo lleva en su pureza hasta la existencia. Esto salva la existencia.

Así como Dios está presente en la percepción sensible de un pedazo de pan por la consagración eucarística, está presente en el mal extremo por el dolor redentor, por la cruz.

De la miseria humana a Dios. Pero no como compensación o consuelo, como correlación.

Hay gente para la que todo lo que hace que Dios se acerque a ella es beneficioso. Para mí, es todo lo que lo aleja. Entre yo y él, el espesor del universo, al que se añade la cruz.

El dolor es a la vez totalmente exterior y esencial a la inocencia.

Sangre en la nieve. La inocencia y el mal. Que el mal mismo sea puro. Solo puede ser puro en la forma de sufrimiento de un inocente. Un inocente que sufre derrama sobre el mal la luz de la salvación. Es la imagen visible del dios inocente. Por eso, un Dios que ama al hombre, un hombre que ama a Dios, debe sufrir.

La inocencia feliz. Algo infinitamente precioso. Pero es una felicidad precaria, frágil, una felicidad por azar. Flores de manzano. La felicidad no está ligada a la inocencia.

Ser inocente es soportar el peso del universo entero. Es arrojar el contrapeso.

Vaciándonos, nos exponemos a toda la presión del universo circundante. Dios se da a los hombres en cuanto poderoso o en cuanto perfecto, según ellos elijan.

19. Balanza y palanca

CRUZ COMO BALANZA, COMO palanca. Descenso, condición de la subida. El cielo bajando sobre la tierra eleva la tierra al cielo.

Palanca. Bajar cuando queremos levantarnos.

Es lo mismo que "todo el que se humilla será ensalzado".

También hay necesidad y leyes en el dominio de la gracia. "También el infierno tiene sus leyes" (Goethe). El cielo también.

Una necesidad rigurosa que excluye toda arbitrariedad, todo azar, regula los fenómenos materiales. Si cabe, hay todavía menos arbitrariedad y azar en las cosas espirituales, aunque sean libres.

Uno. El número más pequeño. "El uno es el único sabio". Es el infinito. Un número que crece piensa que se acerca al infinito, pero se aleja de él. Hay que rebajarse para elevarse.

Si 1 es Dios, ∞ es el diablo.

La miseria humana —y no el placer— contiene el secreto de la sabiduría divina. Toda búsqueda de un placer es búsqueda de un paraíso artificial, de una embriaguez, de un crecimiento. Pero no nos da nada, salvo la experiencia de su futilidad. Solo la contemplación de nuestros límites y de nuestra miseria nos coloca en un plano superior.

"Quien se humilla será elevado".

El movimiento ascendente en nosotros es vano (y peor que vano) si no procede de un movimiento descendente.

Statera facta corporis. El cuerpo crucificado es una balanza justa; el cuerpo reducido a su punto en el tiempo y el espacio.

No juzgar. A la manera del Padre de los cielos que no juzga: por él los seres se juzgan. Dejar venir a uno a todos los seres, y que se juzguen a sí mismos. Ser una balanza.

Entonces no seremos juzgados, habiéndonos transformado en imagen del verdadero juez que no juzga.

Cuando todo el universo entero pesa sobre nosotros, el único contrapeso posible es el mismo Dios, el verdadero Dios, ya que los falsos dioses nada pueden en ese caso, ni siquiera bajo el nombre del verdadero. El mal es infinito en el sentido de lo indeterminado: materia, espacio, tiempo. Solo el infinito verdadero se impone sobre este género de infinito. Por ese motivo la cruz es una balanza en la que un cuerpo endeble y frágil y liviano, pero que era Dios, levantó el peso del mundo entero. "Dame un punto de apoyo y levantaré el mundo". Este punto de apoyo es la cruz. No puede haber otro. Es necesario que esté en la intersección del mundo y de lo que no es el mundo. La cruz es esta intersección.

20. Lo imposible

La vida humana es *imposible.* Pero solo la desgracia nos hace sentirlo. El bien imposible: "El bien entraña el mal, el mal y el bien. ¿Cuándo terminará esto?".

El bien es imposible. Pero el hombre siempre tiene su imaginación a disposición para ocultarse esta imposibilidad del bien en cada caso particular (en cada acontecimiento que no nos aplasta, basta velar una parte del mal y agregar un bien ficticio; algunos pueden hacerlo, aunque estén aplastados). Y para ocultarse, al mismo tiempo, "cuanto difiere la esencia de lo necesario de la del bien" y prohibirse encontrar verdaderamente a Dios que no es otra cosa que el mismo bien, que no se halla en ninguna parte de este mundo.

El deseo es imposible; destruye su objeto. Los amantes no pueden ser uno, ni Narciso ser dos. Don Juan, Narciso. Puesto que desear algo es imposible, hay que desear la nada.

Nuestra vida es imposibilidad, absurdo. Cada cosa que queremos es contradictoria con sus condiciones o con sus consecuencias propias; cada afirmación que hacemos implica la afirmación contraria, todos nuestros sentimientos están mezclados con sus contrarios. Porque siendo criaturas, somos contradicción, siendo Dios e infinitamente distintos de Dios.

Solo la contradicción nos prueba que no somos todo. La contradicción es nuestra miseria y el sentimiento de nuestra miseria es el sentimiento de la realidad, ya que no fabricamos nuestra miseria: es real. Y por eso debemos quererla. Todo lo demás es imaginación.

La imposibilidad es la puerta hacia lo sobrenatural. Solo debemos llamar. Es otro el que abre.

Hay que tocar la imposibilidad para salir del sueño. No hay imposibles en el sueño. Solo impotencia.

"Padre Nuestro que estás en los cielos". Se encierra en esto cierto humor. "Es su Padre, ¡pero traten de ir a buscarlo allá arriba!". Somos realmente tan incapaces de despegarnos de la tierra como un gusano. ¿Y cómo Él podría venir a nosotros sin descender? No hay un modo de representar la relación entre Dios y el hombre tan ininteligible como la Encarnación. La Encarnación hace manifiesta esta ininteligibilidad. Es la manera más concreta de pensar este descenso imposible. Entonces ¿por qué no sería la verdad?

Los lazos que no podemos anudar son el testimonio de la trascendencia.

Somos seres que conocen, que quieren y aman, y en cuanto dirigimos la atención sobre los objetos de conocimiento, de la voluntad y del amor, reconocemos con evidencia que todos ellos son *imposibles.* Solo la mentira puede velar esta evidencia. La conciencia de esta imposibilidad nos fuerza a desear continuamente aprehender lo inaprensible a través de todo lo que deseamos, conocemos y queremos.

Cuando algo parece imposible de obtener, a pesar de los esfuerzos que hagamos, indica un límite infranqueable en ese nivel, y la necesidad de un cambio de nivel, de una ruptura del techo. Agotarse haciendo esfuerzos en ese nivel degrada. Más vale aceptar el límite, contemplarlo y saborear toda su amargura.

El error como móvil, fuente de energía. Creo ver a un amigo. Corro hacia él. Ya más cerca me doy cuenta de que aquel hacia el que corro es otra persona, un desconocido. Así, confundimos lo relativo con lo absoluto, las criaturas con Dios.

Todos los móviles particulares son errores. Sola la energía que no es suministrada por ningún móvil es buena: la obediencia a Dios, es decir, en cuanto Dios desborda todo lo que podemos imaginar o concebir, es obediencia a la nada. Eso es imposible y necesario a la vez; dicho de otra manera, es sobrenatural.

Un acto bueno. Es una buena acción si, al cumplirla, tenemos conciencia con *toda* el alma de que un acto bueno es una cosa totalmente imposible.

Hacer el bien. Haga lo que haga, sé con perfecta claridad que no es el bien. Ya que el que no es buen no hace el bien. Y "solo Dios es bueno"...

En toda situación, hagamos lo que hagamos, hacemos el mal, y un mal intolerable.

Hay que pedir que todo el mal que hacemos caiga directamente y solamente sobre nosotros. Es la cruz.

Es buena la acción que podemos realizar manteniendo la atención y la intención totalmente orientadas hacia el bien puro e imposible, sin que se vele por ninguna mentira ni el atractivo ni la imposibilidad del bien puro.

Por eso, la virtud es análoga a la inspiración artística. Es bello un poema que componemos manteniendo la atención orientada hacia la inspiración inexpresable, en cuanto inexpresable.

21. Contradicción

Las contradicciones contra las que choca el espíritu son las únicas realidades; el criterio de lo real. No hay contradicción en el imaginario. La contradicción es la prueba de la necesidad.

La contradicción experimentada hasta el fondo del ser es el desgarramiento, es la cruz.

Cuando la atención fijada sobre alguna cosa manifestó su contradicción, se produce como un desprendimiento. Perseverando en esta vía llegamos al desapego.

La correlación representable de los contrarios es una imagen de la correlación trascendente de las contradicciones.

Todo bien verdadero implica condiciones contradictorias y, en consecuencia, es imposible. Quien mantiene de verdad su atención fija sobre esta imposibilidad y obra hará el bien.

Del mismo modo, toda verdad encierra una contradicción.

La contradicción es el vértice de la pirámide.

La palabra "bien" no tiene el mismo sentido como término de la correlación bien-mal que cuando designa el ser mismo de Dios.

Existencia de virtudes contrarias en el alma de los santos. La metáfora de la elevación corresponde a eso. Si camino por la ladera de la montaña, puedo ver, primero un lago, y después de algunos pasos, un bosque. Hay que elegir, o el lago o el bosque. Si quiero ver al mismo tiempo el lago y el bosque, tengo que subir más alto.

Solo que la montaña no existe. Está hecha de aire. No podemos subir: es necesario que seamos atraídos.

Prueba ontológica experimental. No tengo en mí un principio de ascensión. No puedo trepar por el aire hasta el cielo. Solo si oriento mi pensamiento hacia algo mejor que yo, ese algo tira de mí hacia arriba. Si realmente tira de mí hacia arriba, ese algo es real. Ninguna perfección imaginaria puede tirar de mí ni siquiera un milímetro hacia arriba. Porque una perfección imaginaria se encuentra automáticamente al nivel del que la imagina, del mío, ni más arriba ni más abajo.

Este efecto de la orientación del pensamiento no es en absoluto comparable a la sugestión. Si me digo todas las mañanas: "Soy valiente, no tengo miedo", puedo convertirme en valiente, pero esa valentía será conforme, según mi imperfección actual, a lo que me represento con ese nombre. Y, en consecuencia, no superará esa imperfección. Será una modificación en el mismo plano, no un cambio de plano.

La contradicción es el criterio. No podemos procurarnos cosas incompatibles por sugestión. Solamente la gracia puede hacerlo. Un ser tierno, que por sugestión se hace valiente, se endurece, con frecuencia él mismo amputa su ternura por una especie de placer salvaje. La gracia solo puede dar valentía dejando intacta la ternura o la ternura dejando intacta la valentía.

El gran dolor del hombre, que comienza en la infancia y lo acompaña hasta la muerte, es que mirar y comer son dos operaciones diferentes. La beatitud eterna es un estado en el que mirar es comer.

Lo que miramos aquí abajo no es real, es un decorado. Lo que comemos se destruye, deja de ser real.

El pecado produjo en nosotros esta separación.

Si tomamos la palabra virtud en su auténtico sentido, es decir, excluyendo las imitaciones sociales de la virtud, entonces las virtudes naturales solo son posibles, en cuanto comportamientos permanentes, en aquel que tiene en sí la gracia sobrenatural. Su duración es sobrenatural.

Contrarios y contradictorios. Lo que puede la relación de contrarios para tocar al ser natura lo pueden los contradictorios pensados conjuntamente para tocar a Dios.

Un hombre inspirado por Dios es un hombre que tiene comportamientos, pensamientos, sentimientos ligados por un vínculo que no es representable.

Idea pitagórica: el bien se define siempre por la unión de los contrarios. Cuando lo hemos puesto a prueba, volvemos a lo primero. Es lo que la *Gita* llama "la desorientación de los contrarios". La dialéctica marxista es una mirada degradada y absolutamente falseada de esto.

Mala unión de contrarios. El imperialismo obrero desarrollado por el marxismo. Proverbios latinos sobre la insolencia de los esclavos recientemente liberados. La insolencia y el servilismo se agravan mutuamente. Los anarquistas sinceros, entreviendo en medio de las tinieblas el principio de la unión de contrarios, han creído que dando el poder a los oprimidos se destruye el mal. Sueño imposible.

Entonces, ¿qué es lo específico de la mala y de la buena unión de los contrarios?

La mala unión de los contrarios —mala, por mentirosa— es la que se hace en el plano en el que están los contrarios. Así, conceder la dominación a los oprimidos: no salimos del par opresión-dominación.

La buena unión de los contrarios se hace en el plano superior. Así, la oposición entre dominación y opresión se resuelve en el nivel de la ley, que es el equilibrio.

Del mismo modo el dolor (y es esa su función propia) separa los contrarios unidos para unirlos de nuevo en el nivel superior al de su primera unión. Pulsación dolor-alegría. Pero matemáticamente la alegría siempre vence.

El dolor es violencia, la alegría es dulzura, pero la alegría es más fuerte.

La unión de las contradicciones es división: es imposible sin sufrimiento extremo.

La correlación de los contradictorios es desapego. El apego a una cosa particular solo puede destruirse con otro apego incompatible. Por eso: "Amen a sus enemigos... el que no odia a su padre y a su madre...".

O sometemos a los contrarios, o nos someten.

Existencia simultánea de los incompatibles en el comportamiento del alma; balanza que se inclina de los dos lados a la vez: es la santidad, la realización del microcosmos, la imitación del orden del mundo.

Existencia simultánea de las virtudes opuestas en el alma como pinzas para alcanzar a Dios.

Encontrar y formular ciertas leyes de la condición humana, particularidades profundas muchas de las cuales sacan a la luz casos particulares.

Así, lo que es totalmente superior reproduce lo que es totalmente inferior, pero transponiéndolo.

Parentesco del mal con la fuerza, con el ser, y del bien con lo que es débil, con la nada.

Y al mismo tiempo el mal es privación. Elucidar la manera que tienen los contradictorios de ser verdaderos.

Método de investigación: en cuanto hemos pensado algo, buscar en qué sentido su contrario es verdadero.

El mal es la sombra del bien. Todo bien real, provisto de solidez y espesor, proyecta algo de mal. Solo el bien imaginario no proyecta nada de mal.

Como todo bien está ligado a un mal, si deseamos un bien, y no queremos extender a nuestro lado el mal correspondiente, estamos obligados a concentrarlo sobre nosotros mismos, ya que no podemos evitar ese mal.

Así, el deseo de bien totalmente puro implica la aceptación para sí del último grado de desgracia. Si deseamos solamente el bien, estamos en oposición a la ley que liga el bien real con el mal como el objeto iluminado con la sombra, y estando en oposición con la ley universal del mundo, es inevitable que caigamos en la desgracia.

El misterio de la cruz de Cristo reside en una contradicción, ya que es a la vez una ofrenda consentida y un castigo padecido a pesar suyo. Si solo viéramos la ofrenda, podríamos querer otro tanto para nosotros. Pero no podemos querer un castigo padecido a pesar de uno mismo.

22. La distancia entre lo necesario y el bien

LA NECESIDAD ES EL velo de Dios. Dios ha confiado todos los fenómenos sin excepción al mecanismo del mundo.

Como en Dios está el análogo de todas las virtudes humanas, también está la obediencia. Es el espacio que deja en este mundo a la necesidad.

La necesidad: imagen captable por la inteligencia de la indiferencia, de la imparcialidad de Dios.

Así, la noción ordinaria de milagro es una especie de impiedad (un hecho que no tendría causa segunda, sino solamente causa primera).

La distancia entre lo necesario y el bien es la misma distancia que hay entre la criatura y el creador.

La distancia entre lo necesario y el bien. Algo para contemplar sin fin. El gran descubrimiento de los griegos. Sin duda, la caída de Troya les había enseñado eso.

Todo intento para justificar el mal por otra cosa que no sea: eso es, es una falta contra la verdad.

Aspiramos solamente a rechazar el fardo insoportable del par bien-mal, fardo asumido por Adán y Eva.

Para eso, hay que o bien confundir "la esencia de lo necesario con la del bien", o bien salir de este mundo.

Para purificar el mal, solo hay Dios o la bestia social. La pureza purifica el mal. La fuerza también, a su manera. A quien lo puede todo, todo le está permitido. Quien sirve a un todopoderoso lo puede todo en él. La fuerza libera del par de contrarios bien-mal. Libera a quien la ejerce y también a quien la padece. El amo tiene todas las licencias; el esclavo también. La espada, en la empuñadura y en la punta, libera de la obligación que es el peso intolerable. También la gracia libera, aunque solo vamos a ella por obligación.

Solo escapamos del límite subiendo hacia la unidad o descendiendo hacia lo ilimitado.

El límite es el testimonio de que Dios nos ama.

La espera del fin del mundo cercano modeló la actuación de la Iglesia primitiva. Esta creencia producía en ellos "el olvido de la inmensa distancia que separa lo necesario del bien".

La ausencia de Dios es el testimonio más maravilloso del amor perfecto, y por eso, la pura necesidad, la necesidad manifiestamente distinta del bien es tan bella.

Lo ilimitado es *la prueba* de lo uno; el tiempo, de lo eterno; lo posible, de lo necesario; la variación, de lo invariable.

El valor de una ciencia, de una obra de arte, de una moral o de un alma se mide por su grado de *resistencia* a esta prueba.

23. Azar

Los seres que amo son criaturas. Son fruto del azar. También es fruto del azar que yo me encuentre con ellos. Morirán. Lo que piensan, lo que sienten y lo que hacen es limitado, y es mezcla de bien y de mal.

Saber eso con toda el alma y no amarlos menos.

Imitar a Dios que ama infinitamente las cosas finitas en tanto finitas.

Nosotros querríamos que todo lo que vale sea eterno. Ahora bien, todo lo que tiene un valor es producto de un encuentro, dura lo que dura el reencuentro y cesa cuando aquello que se había encontrad se separa. Es este el pensamiento central del budismo (pensamiento heraclíteo). Y lleva directamente a Dios.

La meditación sobre el azar que hizo que mi padre y mi madre se encontraran es más saludable todavía que la de la muerte.

¿Hay algo en mí que no se haya originado a partir de ese encuentro? Solamente Dios. Y aún más, mi pensamiento de Dios se origina en este encuentro.

Estrellas y árboles frutales en flor. La permanencia total y la fragilidad extrema dan el mismo sentimiento de eternidad.

Las teorías sobre el progreso, sobre "el genio que siempre sobresale", proceden de que es intolerable representarse lo más precioso del mundo librado al azar. Y porque es intolerable, debe contemplarse.

La creación es lo mismo.

El único bien que no está sujeto al azar es el que está afuera del mundo.

La vulnerabilidad de las cosas preciosas es bella porque la vulnerabilidad es una marca de la existencia.

Destrucción de Troya. Caída de los pétalos de los árboles frutales en flor. Saber que lo más precioso no está enraizado en la existencia. Esto es hermoso. ¿Por qué? Proyecta el alma fuera del tiempo.

La mujer que desea un hijo blanco como la nieve, rojo como la sangre, lo obtiene, pero muere y el niño es entregado a una madrastra.

24. El que debemos amar está ausente

Dios solo puede estar presente en la creación en forma de ausencia.

El mal y la inocencia de Dios. A Dios hay que ubicarlo a una distancia infinita para concebirlo como inocente con relación al mal; y a la inversa, el mal indica que hay que poner a Dios a una distancia infinita.

Este mundo en cuanto totalmente vacío de Dios es Dios mismo. Por eso, todo consuelo en la desgracia aleja del amor y de la verdad.

Ahí tenemos el misterio de los misterios. Cuando lo tocamos, estamos seguros.

“En el Oriente desierto…”. Hay que estar en un desierto. Ya que aquel al que debemos amar está ausente.

Aquel que pone su vida en su fe en Dios puede perder su fe.

Pero el que pone su vida en el mismo Dio no la perderá jamás. Poner la propia vida en lo que no podemos tocar de ningún modo. Es imposible. Es una muerte. Es lo que se precisa.

Nada de lo que existe es absolutamente digno de ser amado.

Por tanto, hay que amar lo que no existe.

Pero este objeto de amor que no existe no es una ficción. Ya que nuestras ficciones no pueden ser más dignas de amor que nosotros mismos, que no somos ficciones.

Consentir el bien. No un bien asible, representable, sino consentir incondicionalmente el bien absoluto.

Consintiendo lo que nos representamos como bien, consentimos una mezcla de bien y de mal, y este consentimiento produce bien y mal: la proporción de bien y de mal en nosotros no cambia. En cambio, el consentimiento incondicional del bien que no podemos representarnos, ni ahora ni nunca, es bien puro, y solo produce bien; y basta que dure para que al final el alma toda entera no sea sino bien.

La fe (cuando se trata de una interpretación sobrenatural de lo natural) es una conjetura por analogía basada en experiencias sobrenaturales. Entonces, los que tienen el privilegio de la contemplación mística, habiendo hecho la experiencia de la misericordia de Dios, suponen que, siendo Dios misericordioso, el mundo creado es obra de la misericordia. Pero en cuanto a constatar esta misericordia directamente en la naturaleza, hay que estar ciego, sordo, insensible, para creer que se puede. Así, los judíos y musulmanes, que quieren encontrar en la naturaleza las pruebas de la misericordia divina, son despiadados. Y a veces también los cristianos.

Por eso la mística es la única fuente de la virtud humana. Ya que no creer que detrás del telón del mundo hay una misericordia infinita o creer que esta misericordia está adelante del telón son dos cosas que nos vuelven crueles.

Hay aquí abajo cuatro testimonios de la misericordia divina. Los favores de Dios a los seres capaces de contemplación (esos estados existen y forman parte de la experiencia de las criaturas). El brillo de esos seres y su compasión que es la compasión divina en ellos. La belleza del mundo. El cuarto testimonio es la completa ausencia de misericordia aquí abajo.

Encarnación. Dios es débil porque es imparcial. Hace salir el sol y llover sobre buenos y malos. Esta indiferencia del Padre se corresponde con la debilidad de Cristo. Ausencia de Dios. El reino de los cielos es como un grano de mostaza. Dios no le cambia nada a nada. Matamos a Cristo por ira, porque no era más que Dios.

Si yo pensara que Dios me envía dolor por un acto de su voluntad y por mi bien, creería ser algo y descuidaría el uso principal del dolor, que es enseñarme que no soy nada. Entonces, no hay que pensar así. Pero hay que amar a Dios mediante el dolor.

Debo amar no ser nada. Qué horrible sería que yo fuera algo. Amar mi nada, amar ser nada. Amar con la parte del alma que está ubicada al otro lado del telón. Pues la parte del alma que es perceptible a la conciencia no puede amar la nada, siente horror de eso. Si cree amarla, es que ama algo distinto de la nada.

Dios manda indistintamente la desgracia tanto a los malos como a los buenos, como la lluvia y el sol. No reservó la cruz para Cristo. Solo entra en contacto con el individuo humano como tal por la gracia puramente espiritual que responde a la mirada vuelta hacia él, es decir, en la medida exacta en que el individuo deja de ser uno. Ningún acontecimiento es un favor divino, solo la gracia.

La comunión es buena para los bueno y mala para los malos. Así, las almas condenadas están en el paraíso, pero para ellas el paraíso es el infierno.

Grito de sufrimiento. ¿Por qué? Resuena en toda la *Ilíada.*

Explicar el sufrimiento es consolar; entonces no debemos explicarlo.

De ahí el valor eminente del sufrimiento de los inocentes. Se parece a la aceptación del mal en la creación por Dios que es inocente.

El carácter irreductible del sufrimiento que hace que no podamos dejar de sentir horror en el momento en el que lo padecemos está destinado a detener la voluntad —como el absurdo detiene la inteligencia, como la ausencia detiene el amor— con el fin de que, llegado al límite de las facultades humanas, el hombre tienda los brazos, se detenga, mire y espere.

"Se ríe del sufrimiento de los inocentes". Silencio de Dios. Los ruidos de aquí abajo imitan ese silencio. No quieren decir nada.

Cuando desde lo más hondo de las entrañas necesitamos un ruido que quiera decir algo, cuando gritamos para obtener una respuesta y no nos es otorgada, entonces es ahí cuando tocamos el silencio de Dios.

Habitualmente nuestra imaginación pone palabras al ruido, como quien juega perezosamente a ver las figuras que forma el humo. Pero cuando estamos demasiado cansados, cuando ya no tenemos la fuerza de jugar, entonces necesitamos palabras de verdad. Gritamos para tenerlas. El grito nos desgarra las entrañas. Solo obtenemos silencio.

Después de haber pasado por esto, unos empiezan a hablar solos, como los locos. Hagan lo que hagan, después de eso, solo hay que tenerles piedad. Los otros, poco numerosos, entregan su corazón al silencio.

25. El ateísmo purificador

CASO DE CONTRADICTORIAS VERDADERAS. Dios existe, Dios no existe. ¿Dónde está el problema? Estoy totalmente segura de que hay un Dios, en el sentido de que estoy segura de que mi amor no es ilusorio. Estoy segura de que no hay Dios, en el sentido de que estoy totalmente segura de que nada real se parece a lo que yo puedo concebir cuando pronuncio ese nombre. Pero eso que no puedo concebir no es una ilusión.

Hay dos ateísmos, uno de los cuales es una purificación de la noción de Dios.

Puede ser que todo lo que está mal tenga otro aspecto que es una purificación del progreso hacia el bien y un tercer aspecto que es el bien superior.

Tres aspectos que hay que distinguir bien, ya que confundirlos es un gran peligro para el pensamiento y la conducta efectiva en la vida.

De dos hombres que no tienen experiencia de Dios, el que lo niega es quizá el que esté más cerca de él.

El falso Dios que se parece en todo al verdadero, excepto en que no lo tocamos, impide para siempre acceder al verdadero.

Creer en un dios que se parece en todo al verdadero, excepto en que no existe, ya que no nos encontramos en el punto en el que Dios exista.

Los errores de nuestra época provienen de un cristianismo sin lo sobrenatural. Su causa es el laicismo y, en primer lugar, el humanismo.

La religión como fuente de consuelo es un obstáculo para la fe verdadera. En este sentido, el ateísmo es una purificación. Debo ser atea con la parte de mí misma que no está hecha para Dios. Entre los hombres cuya faceta sobrenatural no se ha despertado, los ateos tienen razón y los creyentes se equivocan.

Un hombre cuya familia hubiese perecido en las torturas, y que él mismo hubiese sido torturado mucho tiempo en un campo de concentración. O un indio del siglo XVI, único sobreviviente del exterminio de todo su pueblo. Tales hombres, si han creído en la misericordia de Dios, o bien ya no creen más, o bien la conciben de una manera totalmente distinta. No he pasado por tales cosas. Pero sé que existen: entonces, ¿cuál es la diferencia?

Debo tender a tener un concepto de la misericordia divina que sea indeleble, inmutable, cualesquiera sean las circunstancias que el destino me depare, y que pueda ser comunicado a cualquier ser humano.

26. La atención y la voluntad

No comprender cosas nuevas sino llegar con todo mi ser, a base de paciencia, de esfuerzo y de método, a comprender las verdades evidentes.

Niveles de creencia. La verdad más prosaica, si invade *toda el alma*, es como una revelación.

Tratar de enmendar las faltas con la atención, y no con la voluntad.

La voluntad solo comanda algunos movimientos de ciertos músculos, asociados a la representación del desplazamiento de los objetos próximos. Yo puedo querer poner mi mano abierta sobre la mesa. Si la pureza interior o la inspiración o la verdad del pensamiento estuvieran necesariamente asociadas a actitudes de este género, podrían ser objeto de la voluntad. Como no es el caso, no podemos menos que implorarlas. Implorarlas es creer que tenemos un Padre en los cielos. ¿O dejar de desearlas? ¿Qué es peor? La súplica interior es la única razonable, pues evita contraer los músculos que nada tienen que ver con este asunto. ¡Qué tontería contraer los músculos y apretar los dientes en relación con la virtud o la poesía, o para solucionar un problema! ¿La atención es algo muy distinto?

El orgullo es un endurecimiento de este estilo. En el orgulloso hay falta de gracia (en el doble sentido de la palabra). Es consecuencia de un error.

La atención, en su grado más alto, es lo mismo que la oración. Supone la fe y el amor.

La atención absoluta, sin mezcla de nada, es oración.

Si orientamos la inteligencia hacia el bien, es imposible que, poco a poco, toda el alma, a pesar de ella, no se sienta atraída por él.

La atención extrema es lo que constituye en el hombre la facultad creadora, y la única atención extrema que hay es la religiosa. La cantidad de genio creador de una época es rigurosamente proporcional a la cantidad de atención extrema, por tanto, de auténtica religión en esa época.

Manera errónea de buscar. Atención unida a un problema. Un fenómeno más de horror al vacío. No queremos que se desperdicie el esfuerzo. Encarnizarse con la caza. No hay que querer encontrar: como en el caso de una excesiva dedicación, nos hacemos dependientes del objeto del esfuerzo. Necesitamos una recompensa exterior que a veces proporciona el azar y que estamos listos para recibir al precio de una deformación de la verdad.

Solamente el esfuerzo (sin deseo ligado a un objeto) encierra infaliblemente una recompensa.

Recular ante el objeto que perseguimos. Solo lo indirecto es eficaz. No se puede hacer nada sin antes recular.

Tirando del manojo las semillas caen al suelo.

Hay esfuerzos que tienen el efecto contrario del fin buscado (ejemplo: devotos agriados, falsos ascetismos, ciertas dedicaciones, etc.). Otros son útiles siempre, aun si no logran su fin.

¿Cómo distinguirlos?

Quizá de este modo: unos van acompañados de la negación (mentirosa) de la miseria interior. Otros, de la atención continuada concentrada en la distancia entre lo que somos y lo que amamos.

El amor instruye a los dioses y a los hombres, ya que nadie aprende si no quiere aprender. La verdad es buscada no tanto como verdad, sino como bien.

La atención está ligada al deseo. No a la voluntad, sino al deseo. O, más exactamente, al consentimiento.

Cada uno libera energía. Pero sin cesar esta se adhiere continuamente de nuevo. ¿Cómo liberarla totalmente? Hay que desear que eso nos ocurra. Desearlo verdaderamente. Simplemente desearlo. No tratar de hacerlo. Pues todo intento en este sentido es vano y se paga caro. En tal obra, todo lo que llamo "yo" debe ser pasivo. Solo la atención, lo que se requiere de mí es esa atención tan plena que el "yo" desaparece. Privar a todo lo que nombro "yo" de la luz de la atención y ponerla sobre lo inconcebible.

La capacidad de rechazar de una vez por todas un pensamiento es la puerta de la eternidad. El infinito en un instante.

Con relación a las tentaciones, tomar ejemplo de la mujer castísima que no le contesta al seductor cuando este le habla y finge no escucharlo.

Debemos ser indiferentes al bien y al mal. Pero, siendo así, indiferentes, es decir, proyectando del mismo modo sobre uno y otro la luz de la atención, el bien triunfa por un fenómeno automático. Es la gracia esencial. Y es la definición, el criterio del bien.

Una inspiración divina opera infaliblemente, irresistiblemente, si no desviamos la atención, si no la rechazamos. No es necesario que la elijamos específicamente: basta que no rehusemos reconocer que es.

La atención dirigida con amor hacia Dios (o en un nivel inferior, hacia cualquier cosa auténticamente bella) hace ciertas cosas imposibles. Tal es la acción no operativa de la plegaria en el alma. Hay comportamientos que velarían esta atención si se produjesen y que, recíprocamente, esta atención hace imposibles.

Puesto que tenemos en el alma un punto de eternidad, lo único que tenemos que hacer es preservarlo, ya que crece solo, como el grano. Hay que mantener alrededor de él una guardia armada, inmóvil, y alimentarla con la contemplación de los números, de las relaciones fijas y rigurosas. Se alimenta lo invariable del alma por la contemplación de lo invariable del cuerpo.

Se escribe como se pare: no podemos dejar de hacer el esfuerzo supremo. Pero también obramos así. No tengo que temer no hacer el supremo esfuerzo. A condición solamente de no mentirme y de tener cuidado.

El poeta produce lo bello por la atención puesta en lo real. Del mismo modo el acto de amor. Saber que este hombre, que tiene hambre y sed, existe de verdad, como yo; eso basta, y lo demás es consecuencia de lo mismo.

Los valores auténticos y puros como lo verdadero, lo bello y lo bueno en la actividad de un ser humano se producen por un único y mismo acto, por cierta aplicación al objeto de la plenitud de la atención.

La enseñanza solo debería tener por finalidad preparar la posibilidad de tal acto mediante el ejercicio de la atención.

Todas las otras ventajas de la instrucción no tienen interés.

Estudios y fe. La oración no siendo más que la atención bajo forma pura y los estudios constituyendo una gimnasia de la atención, cada ejercicio escolar debe ser una refracción de la vida espiritual. Es necesario un método.

Cierta manera de hacer una versión latina, cierta manera de resolver un problema de geometría (y no cualquier manera) constituyen una gimnasia de la atención para hacerla más apta para la oración.

Método para comprender las imágenes, los símbolos, etc. No intentar descifrarlos, sino mirarlos hasta que la luz brote.

De manera general, método de ejercitar la inteligencia que consiste en mirar.

Aplicación de este método para discriminar lo real de lo ilusorio. En la percepción sensible, si no estamos seguros de lo que vemos, nos desplazamos mirando, y aparece lo real. En la vida interior, el tiempo desempeña el papel del espacio. Con el tiempo nos modificamos, y si mediante esas modificacione guardamos la mirada orientada hacia la misma cosa, al fin la ilusión se disipa y aparece lo real. La condición es que la atención sea una mirada, y no un apego.

Cuando hay una lucha entre la voluntad adherida a una obligación y un mal deseo, se desgasta la energía unida al bien. Hay que soportar la mordedura del deseo pasivamente, como un sufrimiento en el que experimentamos la miseria, y mantener la atención fija en el bien. Entonces tenemos una elevación en la escala de las calidades de energía.

Robar su energía a los deseos, sacándoles su orientación en el tiempo.

Nuestros deseos son infinitos en sus pretensiones, pero limitados por la energía de donde provienen. Por eso con la ayuda de la gracia podemos dominarlos y gastarlos hasta su destrucción. Una vez que lo hemos comprendido claramente, los hemos vencido virtualmente, si conservamos la atención en contacto con esta verdad.

Video meliora… En esos estados, parece que pensamos el bien y lo pensamos en cierto sentido, pero no pensamos en su posibilidad.

El vacío que captamos con las pinzas de la contradicción es incontestablemente el de arriba, ya que lo captamos tanto más cuanto más agudizamos las facultades naturales de inteligencia, voluntad y amor. El vacío de abajo es aquel en el que caemos cuando dejamos atrofiarse las facultades naturales.

La experiencia de lo trascendente parece contradictoria y, sin embargo, lo trascendente solo podemos conocerlo por contacto, ya que nuestras facultades no pueden fabricarlo.

Soledad. ¿Cuál es su precio? Puesto que estamos en presencia de la simple materia (incluso el cielo, las estrellas, la luna, los árboles en flor) de cosas de menor precio (quizá) que un espíritu humano. Su premio consiste en la posibilidad de una atención superior. Si pudiéramos tener el mismo grado de atención en presencia de un ser humano…

Solo podemos saber una cosa de Dios: que Él es lo que nosotros no somos. Solo nuestra miseria es imagen suya. Cuanto más la contemplamos, más lo contemplamos.

El pecado no es otra cosa que el desconocimiento de la miseria humana. Es miseria inconsciente y, por eso mismo, culpable. La historia de Cristo es la prueba experimental de que la miseria humana es irreductible, que en el hombre absolutamente sin pecado es tan grande como en el pecador. Solamente que está iluminada.

El conocimiento de la miseria humana es difícil para el rico, para el poderoso, porque está llevado casi invenciblemente a pensar que es algo. También es difícil para el miserable, porque está casi invenciblemente llevado a creer que el rico, el poderoso, es algo.

No es la falta lo que constituye el pecado mortal, sino el grado de lucidez que tiene el alma cuando se comete la falta, cualquiera que esta sea.

La pureza es el poder de contemplar lo sucio.

La extrema pureza puede contemplar tanto lo puro como lo impuro; la impureza no puede ni lo uno ni lo otro: lo primero le da miedo, lo segundo la absorbe. Precisa una mezcla de ambos.

27. Adiestramiento

Hay que cumplir lo que es posible para tocar lo imposible. El ejercicio correcto, conforme al deber, de las facultades naturales de la voluntad, del amor y del conocimiento con relación a las realidades espirituales es exactamente lo que el movimiento del cuerpo con relación a la percepción de los objetos sensibles. Un paralítico no lo percibe.

El cumplimiento del deber estrictamente humano es del mismo orden que la corrección en las operaciones de redacción, traducción y cálculo, etc. Descuidar esta corrección es una falta de respeto con relación al objeto. Es lo mismo que descuidar el deber.

Solo las cosas relativas a la inspiración se nutren de plazos, alargues, dilaciones. Las relativas al deber natural, a la voluntad, no admiten dilación.

Los preceptos no nos son dados para ser practicados, sino que la práctica es prescripta para la inteligencia de los preceptos. Son escalas. No podemos interpretar a Bach sin haber hecho escalas musicales. Pero no hacemos escalas por hacerlas.

Adiestramiento. Cada vez que sorprendemos un pensamiento de orgullo involuntario en nosotros mismos, volver unos instantes con toda la atención de la mirada al recuerdo de una humillación de la vida pasada, y elegir la más amarga, la más intolerable posible.

No hay que tratar de cambiarse a sí mismo, o de borrar deseos y aversiones, placeres y dolores. Hay que soportarlos pasivamente, como las sensaciones de color, sin otorgarles más crédito. Si mi cristal es rojo, yo no puedo, aunque razone noche y día durante todo el año, dejar de ver mi cuarto de color rosado. Sé también que es necesario, justo y bueno que lo vea así. Al mismo tiempo le concedo a ese color, en cuanto información, un crédito limitado, ya que conozco su relación con el cristal. Aceptar así, y no de otra manera, los deseos y aversiones, placeres y dolores de toda especie que se producen en mí.

Por otra parte, como también tenemos en nosotros un principio de violencia, a saber, la voluntad, es necesario también, en una medida limitada, pero plena en sí misma, usar violentamente este principio de violencia; obligarse con violencia a obrar como si no tuviéramos ese deseo, esa aversión, tratar de persuadir a la sensibilidad, obligándola a obedecer. Entonces ella se rebela, hay que saber soportar pasivamente esta rebelión. Gustarla, saborearla, aceptarla como una cosa exterior, como el color rosa del cuarto visto con el cristal rojo.

Cada vez que nos esforzamos con este espíritu, avanzamos realmente, ya sea poco o mucho, en la operación de adiestrar al animal que hay en uno.

Bien entendido para que esta violencia sobre uno mismo sirva verdaderamente para adiestrarse debe ser solo un simple medio. Cuando se adiestra un perro para hacer de él un perro sabio, no lo azotamos por azotar, sino para domarlo y, a este efecto, lo azotamos solo cuando falla un ejercicio. Si lo azotamos sin método, terminamos por hacerlo inservible para todo adiestramiento, y eso lleva a un ascetismo malo.

La violencia con uno mismo solo es lícita cuando procede de la razón (en vista de ejecutar lo que se presenta claramente como el deber). O bien cuando la impone un impulso irresistible de la gracia (pero entonces la violencia no procede de uno).

La fuente de mis dificultades está en que, por agotamiento, por carencia de energía vital, estoy por debajo del nivel de la actividad normal. Y si algo se apodera de mí y me levanta, estoy por encima. Entonces, me parece una desgracia desperdiciar ese tiempo en actividades ordinarias. En los otros casos, tendré que hacerme una violencia que no puedo sacar de mí.

De ahí resulta un comportamiento anormal que yo podría aceptar. Pero yo sé, creo saber que no debo aceptarlo. Comporta crímenes de omisión hacia el prójimo. Y a mí, me aprisiona

Entonces, ¿qué método seguir?

"Εαν θεlnς δυναςαι με καθαρίσεις": "Si quieres puedes limpiarme".

Debo ejercitarme en transformar el sentimiento de esfuerzo en sentimiento pasivo de sufrimiento. Sea como sea, cuando Dios me envía sufrimiento, estoy obligado a sufrir todo lo que hay que sufrir. ¿Por qué frente al deber no puedo hacer del mismo modo todo lo que hay que hacer?

Montañas, piedras, caigan sobre nosotros y escóndannos lejos de la cólera del cordero.

En este momento yo merezco esa cólera. No olvidar que, según san Juan de la Cruz, las inspiraciones que desvían del cumplimiento de las obligaciones fáciles y bajas provienen de mal lugar.

Nos imponen el deber de matar al yo. Y dejo oxidarse un instrumento tan preciado.

Hay que cumplir el deber en el momento prescripto para creer en la realidad del mundo exterior.

Hay que creer en la realidad del tiempo. Si no, estamos soñando.

Hace años que he reconocido esta tara en mí, que he reconocido su importancia y que no hice nada por desecharla. ¿Qué excusa encontraré?

¿No se ha acrecentado en mí a partir de los diez años? Pero, por grande que sea, se acabó. Basta. Si es grande hasta el punto de quitarme la posibilidad de borrarla durante esta vida y, en consecuencia, de alcanzar el estado de perfección, entonces debo aceptarlo como lo que es, con una aceptación amorosa. Basta que yo sepa que es, que es mala, que ha terminado. Pero saber efectivamente estas tres cosas, y las tres juntas implican el comienzo y la continuación ininterrumpida del proceso de desaparición. Si este proceso no comenzara a producirse, es señal de que eso mismo que escribo no lo sé de verdad.

Reside en mí la energía necesaria, ya que yo la tengo para vivir. Debo arrancarla de mí, aun si debiera morir en ello.

El único criterio perfecto para distinguir el bien del mal es la oración interior ininterrumpida. Todo lo que no la interrumpe está permitido, todo lo que la interrumpe está prohibido. Es imposible hacer el mal a otro cuando obramos en estado de oración. A condición de que sea oración verdadera. Pero antes de llegar a eso es necesario haber gastado la voluntad propia en la observación de las reglas.

La esperanza es el conocimiento de que el mal que portamos en nosotros ha terminado y que la menor orientación del alma hacia el bien, por más que no dure más que un instante, lo suprime en parte, y que, en el terreno espiritual, todo bien produce bien, infaliblemente. Los que no saben eso están destinados al suplicio de las danaides.

El bien produce bien infaliblemente y el mal produce mal en el terreno de lo espiritual puro. Al revés, en el terreno natural (comprendida la psicología), el bien y el mal se producen recíprocamente. Solo así podemos tener seguridad una vez llegados al dominio de lo espiritual; precisamente el dominio en el que no nos procuramos nada por nosotros mismos, en el que esperamos que todo nos llegue de afuera.

28. La inteligencia y la gracia

GRACIAS A LA INTELIGENCIA, sabemos que lo que la inteligencia no aprehende es más real que lo que aprehende.

La fe es la experiencia de que la inteligencia está iluminada por el amor.

Simplemente la inteligencia debe reconocer, por los medios que le son propios —es decir, la constatación y la demostración—, la preeminencia del amor. Solo debe someterse sabiendo por qué, y de manera perfectamente precisa y clara. Sin eso, su sumisión es un error, y aquello a lo que se somete, a pesar del rótulo, es algo distinto del amor sobrenatural; por ejemplo, la influencia social.

En el dominio de la inteligencia la virtud de la humildad no es otra cosa que el poder de atención.

La humildad falsa lleva a creer que somos nada en cuanto somos, en cuanto tal ser humano particular.

La humildad verdadera es el conocimiento de que no somos nada en cuanto seres humanos y, en general, en cuanto criaturas.

La inteligencia desempeña aquí un papel importante. Hay que concebir lo universal.

Cuando escuchamos a Bach o una melodía gregoriana, todas las facultades del alma se distienden y se callan, para aprehender, cada una a su manera, lo que es la belleza perfecta. La inteligencia, entre otras: no encuentra nada para afirmar o negar, sino que se nutre de eso.

¿No debería ser la fe una adhesión de esta especie?

Degradamos los misterios de la fe haciendo de ellos un objeto de afirmación o de negación, cuando ellos deberían ser un objeto de contemplación.

El papel privilegiado de la inteligencia en el verdadero amor proviene de que la naturaleza de la inteligencia consiste en que ella es algo que se borra por el mismo hecho de ejercitarse. Puedo esforzarme para llegar a las verdades, pero cuando las verdades están ahí, son, y yo no intervengo para nada en ellas.

No hay nada más cerca de la verdadera humildad que la inteligencia. Es imposible estar orgullosos de la propia inteligencia en el momento en que realmente la ejercitamos. Y cuando la ejercitamos no nos apegamos a ella. Pues sabemos que la verdad continúa siendo, así nos volvamos idiotas en el instante siguiente y por el resto de la vida.

Los misterios de la fe católica no están hechos para ser creídos por todas las partes del alma. La presencia de Cristo en la hostia no es un hecho al modo de la presencia del alma de Pablo en el cuerpo de Pablo (por otra parte, uno y otro son completamente incomprensibles, pero no de la misma manera). La Eucaristía no debe ser, entonces, objeto de fe por la parte de mí que aprehende los hechos.

Esa es la parte de verdad del protestantismo. Pero esa presencia de Cristo en la hostia no es un símbolo, ya que un símbolo es la combinación de una abstracción y de una imagen, es algo representable para la inteligencia humana, y no es sobrenatural. En eso los católicos tienen razón, no los protestantes. Solo la parte de uno mismo que está hecha para lo sobrenatural debe adherirse a esos misterios.

El papel de la inteligencia —la parte de nosotros mismos que afirma y niega y da opiniones— es solo la sumisión. Todo lo que concibo como verdadero es menos verdadero que estas cosas cuya verdad no puedo concebir, pero que amo. San Juan de la Cruz llama noche a la fe. En quienes han recibido una educación cristiana, las partes inferiores del alma se apegan a estos misterios sin ningún derecho a hacerlo. Por ello requieren de una purificación cuyas etapas describe san Juan de la Cruz. El ateísmo, la incredulidad constituyen un equivalente de esta purificación.

El deseo de descubrir lo nuevo impide que el pensamiento se detenga sobre la significación trascendente, irrepresentable de lo que ya descubrimos. Recibí el gran favor de que mi absoluta falta de talento me prohibiera ese deseo. La ausencia reconocida y aceptada de dones intelectuales obliga al ejercicio desinteresado de la inteligencia.

El objeto de la búsqueda no debe ser lo sobrenatural, sino el mundo. Lo sobrenatural es la luz: si hacemos de eso un objeto, lo estamos rebajando.

El mundo es un texto con varias significaciones. Y pasamos de una a otra significación con trabajo. Un trabajo en el que siempre toma parte el cuerpo, como cuando aprendemos el alfabeto de una lengua extranjera: a fuerza de trazar sus letras tal alfabeto debe entrar en la mano. Fuera de eso, todo cambio en la manera de pensar es ilusorio.

No hay que elegir entre las opiniones: hay que acogerlas todas, pero componerlas verticalmente y colocar cada una en el nivel correspondiente.

Así, azar, destino, Providencia.

La inteligencia nunca puede penetrar el misterio, pero puede y solo ella puede dar cuenta de la conveniencia de las palabras que lo expresan. Para este uso, ella debe ser más aguda, más incisiva, más precisa, más rigurosa y más exigente que cualquier otra.

Los griegos creían que la verdad conviene solo a las cosas divinas, no el error o lo aproximado, y que el carácter divino de algunas cosas las hacía más exigentes con relación a la exactitud. (Nosotros hacemos exactamente lo contrario, deformados como estamos por el hábito de la propaganda). Porque vieron en la geometría una revelación divina, inventaron la demostración rigurosa.

En el dominio de las relaciones entre el hombre y lo sobrenatural, hay que buscar una precisión más que matemática: debe ser más precisa que la ciencia.

Lo racional en sentido cartesiano, es decir, el mecanismo, la necesidad humanamente representable, debe suponerse siempre que se pueda, con el fin de resaltar lo que le es irreductible.

El uso de la razón hace que las cosas sean transparentes al espíritu. Pero lo transparente no se ve. Vemos lo opaco a través de lo transparente. Lo opaco que estaba escondido cuando lo transparente no era transparente. Vemos el polvo sobre el vidrio, o el paisaje detrás del vidrio, pero nunca el vidrio mismo. Limpiar el polvo solo sirve para ver el paisaje. La razón debe ejercitar su función para alcanzar los verdaderos misterios, las verdades indemostrables que son lo real. Lo incomprendido esconde lo incomprensible, y por este motivo debe eliminarse.

La ciencia actualmente buscará una fuente de inspiración superior a ella o perecerá.

La ciencia solo presenta tres puntos de interés: 1. aplicaciones técnicas; 2. juego de ajedrez; 3. camino hacia Dios. (El ajedrez está amenizado con concursos, premios y medallas).

Pitágoras. Solo esta concepción mística de la geometría pudo proporcionar el grado de atención necesario para los principios de esta ciencia. ¿No se ha reconocido por otra parte que la astronomía surge de la astrología y la química, de la alquimia? Pero se interpreta esta filiación como un progreso cuando en realidad hay degradación de la atención. La astrología y la alquimia trascendentes son la contemplación de las verdades eternas en los símbolos proporcionados por los astros y las combinaciones de sustancias. La astronomía y la química son su degradación. La astrología y la alquimia como magias son su degradación aún más baja. Solamente en la atención religiosa tenemos una atención plena.

Galileo. Teniendo en su principio el movimiento recto ilimitado, y no el movimiento circular, la ciencia moderna no podía ser ya un puente hacia Dios.

Nunca se ha hecho la limpieza filosófica de la religión católica. Para hacerla, habría que estar adentro y afuera de ella.

29. Lecturas

El otro. Percibir cada ser humano (imagen de uno mismo) como una prisión donde habita un prisionero rodeado del universo entero.

Electra, hija de un padre poderoso, reducida a la esclavitud, no teniendo otra esperanza que no fuera su hermano, ve a un joven que le anuncia la muerte de ese hermano y, en el momento de mayor zozobra, se revela que ese joven es su hermano. "Ellas creían que era el jardinero". Reconocer al hermano en un desconocido; reconocer a Dios en el universo.

Justicia. Estar incondicionalmente preparado para admitir que otro es otra cosa que aquello que leemos cuando está presente (o pensamos en él). O más bien leer en él que es ciertamente otra cosa, quizá algo totalmente distinto de lo que leemos.

Cada ser grita en silencio para ser leído de otra manera.

Leemos. Pero también somos leídos por otro. Interferencias entre esas lecturas. Forzar a alguien a leerse a sí mismo como lo leemos (esclavitud). Forzar a los demás a que nos lean como nosotros nos leemos a nosotros mismos (conquista). Mecanismo. Lo más frecuente, diálogo de sordos.

La caridad y la injusticia solo se definen por las lecturas, y así escapan a toda definición. El milagro del buen ladrón no fue que pensara en Dios, sino que reconociera a Dios en su compañero. Pedro, antes de que cantara el gallo, ya no reconocía a Dios en Cristo.

Otros se hacen matar por falsos profetas, en quienes, erróneamente, leen a Dios.

¿Quién puede vanagloriarse de leer con veracidad?

Podemos ser injustos por voluntad de ofender la justicia o por mala lectura de la justicia. Pero casi siempre es el segundo caso.

¿Qué amor por la justicia garantiza que no haremos una mala lectura?

¿Cuál es la diferencia entre lo justo y lo injusto si todos se comportan siempre conforme a la justicia que leen?

Juana de Arco: casi todos los que hoy la reivindican, la habrían condenado. Pero sus jueces no condenaron a la santa, a la virgen, etc., sino a la bruja, a la hereje, etc.

Causa de malas lecturas: la opinión pública, las pasiones.

La opinión pública es una causa muy poderosa. En la historia de Juana de Arco leemos lo que dictó la opinión pública coetánea. Pero ella era incierta. Y Cristo…

En los problemas morales ficticios, la calumnia está ausente.

¿Qué puede esperar la inocencia si no es reconocida?

Lecturas. La lectura —salvo cierta calidad de atención— obedece a la gravedad. Leemos las opiniones generadas por la gravedad (por la preponderancia de las pasiones y del conformismo social en los juicios que formamos sobre los hombres y los acontecimientos).

Con mayor calidad de atención leemos la misma gravedad, y distintos sistemas de equilibrio posibles.

Lecturas superpuestas: leer la necesidad detrás de la sensación, leer el orden detrás de la necesidad, leer a Dios detrás del orden.

"No juzguen". Cristo mismo no juzga. Él es el juicio. La inocencia sufriente como medida.

Juicio, perspectiva. En este sentido, todo juicio juzga a quien lo emite. No juzgar. Lo que es imposible para nosotros no es la indiferencia o la abstención, sino el juicio trascendente, la imitación del juicio divino.

30. El anillo de Giges

Otras civilizaciones. Presentamos sus taras como prueba de la insuficiencia de las religiones de que dependen. Sin embargo, en el curso de los últimos veinte siglos de historia de Europa, encontraríamos sin dificultad taras al menos equivalentes. La destrucción de América por la masacre y de África por la esclavitud, las masacres del Mediodía en Francia, valen la homosexualidad en Grecia y los ritos orgiásticos en Oriente. Pero en Europa decimos que esas taras son a pesar de la perfección del cristianismo. En las otras civilizaciones, a causa de la imperfección de la religión.

Ejemplo privilegiado del mecanismo del error para considerar largamente: dejar de lado. Al juzgar a India o Grecia, ponemos el mal en relación con el bien. Al juzgar el cristianismo, dejamos de lado el mal.

Dejamos de lado, y precisamente ahí está el peligro. O, lo que es peor aún, dejamos de lado, por un acto de la voluntad, pero por un acto de la voluntad furtivo con relación a uno mismo. Y luego ya no sabemos lo que hemos dejado de lado. No queremos saberlo, y a fuerza de no querer saberlo, llegamos a no poder saberlo.

Esta facultad de dejar de lado permite todos los crímenes. Para todo lo que está fuera del dominio donde la educación y el adiestramiento fabricaron vínculos sólidos, constituye la llave para la licencia absoluta. Es lo que permite a los hombres comportamientos tan incoherentes, especialmente cada vez que interviene lo social, los sentimientos colectivos (guerra, odios entre naciones y entre clases, patriotismo de un partido, de una iglesia, etc.). Todo lo que está recubierto por el prestigio de la cosa social es dejado de lado, puesto en un lado diferente del resto, y se sustrae a ciertas relaciones.

Usamos también esta llave cuando cedemos a la atracción del placer.

La uso siempre que postergo, un día tras otro, el cumplimiento de una obligación. Separo la obligación y el transcurso del tiempo.

No hay nada más apetecible que tirar esta llave. Habría que tirarla al fondo de un pozo de donde nunca podamos sacarla.

El anillo de Giges que vuelve invisible: es precisamente el acto de poner algo de lado. Dejarse de lado a uno mismo y al crimen que cometemos. No establecer relación entre ambos.

El acto de tirar la llave, de tirar el anillo de Giges, es el esfuerzo propio de la voluntad, es la marcha dolorosa y ciega para salir fuera de la caverna.

Giges. Me convertí en rey. Y el otro rey fue asesinado. Ninguna relación entre ambas cosas. En eso consiste el anillo de Giges.

Un director de fábrica. Tengo tales y tales placeres costosos. Y mis obreros padecen miseria. Puede sentir piedad sincera por sus obreros, pero sin relacionar las dos cosas.

Ya que no se establece ninguna relación si la razón no relaciona. Si el pensamiento no los suma para hacer cuatro, dos y dos permanecen indefinidamente siendo dos y dos.

Odiamos a quienes querrían llevarnos a establecer relaciones que nosotros no queremos establecer.

La justicia consiste en establecer en las cosas análogas relaciones idénticas entre términos homotéticos, incluso cuando algunas de esas cosas nos conciernen personalmente y son para nosotros objeto de apego.

Esta virtud se sitúa en el punto de contacto de lo natural con lo sobrenatural. Pertenece al dominio de la voluntad y de la inteligencia clara, por tanto, de la caverna (pues nuestra claridad son las tinieblas), pero no podemos mantenernos ahí si no pasamos a la luz.

31. El sentido del universo

SOMOS UNA PARTE QUE debe imitar el todo. El *atman*. Que el alma de un hombre tome por cuerpo todo el universo. Que tenga con el universo la misma relación que tiene un coleccionista con su colección, que un soldado que muriese gritando con Napoleón: "¡Viva el emperador!". El alma se transporta fuera de su propio cuerpo, en otra cosa. Que se transporte entonces a todo el universo.

Identificarse con el mismo universo. Todo lo que es menor que el universo está sometido al sufrimiento.

Puedo morir, el universo continúa. No me da ningún consuelo que yo sea distinto del universo. Pero si el universo es para mi alma como otro cuerpo, entonces mi muerte deja de tener para mí más importancia que la de un desconocido. Lo mismo con mis sufrimientos.

Que el universo entero sea para mí, con relación a mi cuerpo, lo que es el bastón de un ciego con relación a su mano. Él no siente ya con su mano, sino con la punta del bastón. Es preciso un aprendizaje.

Restringir el amor al sujeto puro y extenderlo a todo el universo, es lo mismo.

Cambiar la relación entre yo y el mundo, como el obrero cambia la relación entre él y la herramienta, por el aprendizaje. Herida: el oficio que entra en el cuerpo. Que todo sufrimiento haga entrar el universo en el cuerpo.

Hábito, habilidad: transporte de la conciencia a un objeto distinto del cuerpo propio.

Que ese objeto sea el universo, las estaciones, el sol, las estrellas.

La relación entre el cuerpo y la herramienta cambia en el aprendizaje. Hay que cambiar la relación entre el cuerpo y el mundo.

No nos despegamos, cambiamos de apego. Apegarse a todo.

A través de cada sensación, sentir el universo. ¿Qué importa entonces que sea placer o dolor? Si tenemos la mano agarrada por un ser amado, vuelto a ver después de mucho tiempo, ¿qué importa que apriete y nos haga mal?

Un grado de dolor en el que perdemos el mundo. Pero después viene la calma. Y si se vuelve al paroxismo, también después vuelve el apaciguamiento. Este mismo grado, si lo sabemos, deviene espera del apaciguamiento, y en consecuencia no corta el contacto con el mundo.

Dos tendencias límite: destruir el yo en beneficio del universo o destruir el universo en beneficio del yo.

El que no supo transformarse en nada corre el riesgo de llegar al momento en el que todas las cosas distintas a él dejan de existir.

Necesidad exterior o necesidad interior imperiosa como respirar. "Seamos la respiración central". Incluso si un dolor en el pecho hace que respirar sea penoso, se respira, no podemos hacer otra cosa.

Asociar el ritmo de la vida del cuerpo con el del mundo, sentir constantemente esta asociación y sentir a cambio el intercambio perpetuo de materia por el que el ser humano se baña en el mundo.

Lo que nada puede quitar al ser humano mientras viva: como movimiento donde la voluntad tiene agarre, respiración; como percepción, el espacio (incluso en un calabozo; incluso con los ojos y los tímpanos agujereados; mientras vivimos, percibimos el espacio).

Añadir a eso los pensamientos de los que deseamos que ninguna circunstancia nos pueda privar.

Amar al prójimo como a sí mismo no significa amar a todos los seres por igual, ya que no amo por igual a todos mis modos de existencia. Tampoco significa no hacerlos sufrir jamás, pues no rechazo hacerme sufrir a mí mismo. Pero tener con cada uno la relación de una manera de pensar el universo con otra manera de pensar el universo, y no una parte del universo.

No aceptar un acontecimiento del mundo es desear que el mundo no sea. Ahora bien, ocurre que eso está en mi poder para mí; si lo deseo, lo obtengo. Yo soy entonces un absceso del mundo.

Deseos en el folclore: los deseos tienen eso de peligroso, que son escuchados.

Desear que el mundo no se es desear que yo, tal como soy, sea todo.

Pueda el universo todo entero, desde el guijarro a mis pies hasta las estrellas más lejanas, existir para mí en todo momento como Inés por Arnulfo o la cajita para Harpagón.

Si quiero, el mundo puede pertenecerme como el tesoro al avaro.

Pero es un tesoro que no se acrecienta.

A ese "yo" irreductible que es el fondo irreductible de mi sufrimiento, hacerlo universal.

¡Qué importa que nunca haya alegría en mí, si hay alegría perpetua y perfecta en Dios! Y lo mismo pasa con la belleza, la inteligencia y todas las cosas.

Desear la propia salvación es malo, no porque sea egoísta (no está en poder del hombre ser egoísta), sino porque es orientar el alma hacia una simple posibilidad particular y contingente, en lugar de la plenitud del ser, en lugar del bien que es incondicional.

Todo lo que deseo existe o ha existido o existirá en alguna parte. Ya que yo no puedo inventar algo completamente. Desde ese momento, ¿cómo no estar colmado?

Br... No podía evitar imaginarlo vivo, imaginar su casa como lugar posible, para mí, con sus dulces conversaciones. Entonces la conciencia del hecho de su muerte producía un espantoso desierto. Frío como metal. ¿Qué me importa que haya otras personas para amar? El amor que le dirigía, acompañado de esbozos interiores, de intercambios que solo podían tener lugar con él, estaba sin objeto. Ahora ya no lo imagino más vivo y su muerte ya no me es más intolerable. Su recuerdo me es dulce. Pero hay otros que yo entonces no conocía, y cuya muerte me haría el mismo efecto.

D… no ha muerto, pero la amistad que yo le dedicaba se murió, acompañada de un dolor semejante. No es más que una sombra.

Pero no puedo imaginar la misma transformación para X…, Y…, Z…, quienes sin embargo no existían para mi conocimiento hasta hace poco tiempo.

Como los padres no pueden imaginar que un niño haya nacido tres años antes, así no podemos imaginar no haber conocido desde siempre a los seres que amamos.

Me parece que amo mal: si no las cosas no sucederían así para mí. Mi amor no estaría apegado a algunos seres. Estaría disponible para todo lo que merece ser amado.

"Sean perfectos como su Padre celestial…". Amen como el sol ilumina. Hay que llevar el amor de sí, para difundirlo sobre todas las cosas. Solo Dios ama todas las cosas y solo se ama a sí.

Amar en Dios es mucho más difícil de lo que se cree.

Puedo manchar todo el universo con mi miseria y no sentirla o juntarla en mí.

Soportar el desacuerdo entre la imaginación y el hecho.

"Sufro". Eso vale más que "este paisaje es feo".

No querer cambiar el propio peso en la balanza del mundo: la balanza de oro de Zeus.

La vaca entera es lechera, aunque solo se saca leche de la ubre. Del mismo modo el mundo produce santidad.

32. Metaxu[2]

TODO LO CREADO REHÚSA ser un fin para mí. Tal es la extrema misericordia de Dios conmigo. Y esto mismo es el mal. El mal es la forma que toma la misericordia de Dios en este mundo.

Este mundo es la puerta cerrada. Es una barrera. Y, al mismo tiempo, es el pasaje.

Dos prisioneros en calabozos contiguo se comunican por golpes en la pared. La pared es lo que los separa, pero también lo que les permite comunicarse. Así somos Dios y nosotros. Toda separación es un vínculo.

Poniendo todo nuestro deseo de bien en una cosa, hacemos de esta cosa una condición de nuestra existencia. No obstante, no estamos haciendo de eso un bien. Queremos siempre algo más que existir.

Las cosas creadas tienen por esencia ser intermediarias. Unas cosas son intermediarias de otras, y así al infinito. Son intermediarias hacia Dios. Saborearlas como tales.

2. *Metaxu* (μεταξύ) es un adverbio griego que significa "en el intervalo, en el medio"; aquí en sentido metafísico y religioso: intermediarios. [N. del T.]

Los puentes de los griegos. Los hemos heredado. Pero ya no sabemos cómo se utilizan. Creímos que estaban hechos para construir allí casas. Levantamos allí rascacielos a los que sin cesar añadimos pisos. No sabemos ya que son puentes, cosas hechas para que pasemos por ellas y que por ahí vamos a Dios.

Solo el que ama a Dios con amor sobrenatural puede mirar los medios solamente como medios.

El poder (y ese salvoconducto del poder, el dinero) es el medio puro. Por eso es el fin supremo para todos los que no lo han comprendido.

Este mundo, ámbito de la necesidad, no nos ofrece absolutamente nada que no sea medios. Nuestro querer es rechazado sin cesar y redirigido de un medio a otro medio, como una bola de billar.

Todos los deseos son contradictorios, como el de la nutrición. Yo querría que aquel al que amo me ame. Pero si me es totalmente devoto, ya no existe y dejo de amarlo. En tanto que no me sea totalmente devoto, no me ama lo suficiente. Hambre y saciedad.

El deseo es malo y mentiroso, pero, sin embargo, sin el deseo no buscaríamos la verdad absoluta, ilimitada. Hay que haber pasado por eso.

Desgraciados los seres a quienes la fatiga les quita esta energía suplementaria que es la fuente del deseo. Desgraciados también aquellos a los que ciega el deseo.

Hay que abrochar el deseo propio en el eje de los polos.

¿Qué es sacrílego destruir? No lo que es bajo, pues carece de importancia. No lo que es alto, pues, queramos o no, no lo podremos alcanzar. Los *metaxu*. Los *metaxu* son la región del bien y del mal.

No privar a ningún ser humano de sus *metaxu*, es decir, de esos bienes relativos y mezclados (hogar, patria, tradiciones, culturas, etc.) que entonan y nutren el alma y sin los cuales, fuera de la santidad, una vida *humana* no es posible.

Los verdaderos bienes terrenos son *metaxu*. No podemos respetar los de otros si no es en la medida en que miramos los que poseemos como *metaxu*, lo que muestra que estamos en la ruta para prescindir de ellos. Para respetar por ejemplo las patrias extranjeras, hay que hacer de la propia patria no un ídolo, sino un escalón hacia Dios.

Todas las facultades jugando libremente y sin mezclarse a partir de un principio único. Es el microcosmos, la imitación del cosmos, la imitación del mundo. El Cristo según santo Tomás. El Justo de la República. Cuando Platón habla de la especialización, habla de la especialización de las facultades en el hombre, y no de la especialización de los hombres; del mismo modo para la jerarquía. Lo temporal tiene sentido solo para y por lo espiritual, pero no participa de lo espiritual. Nos lleva a lo espiritual por nostalgia, por superación. Es lo temporal como puente, como *metaxu*. Es la vocación griega y provenzal.

Civilización de los griegos. Ninguna adoración a la fuerza. Lo temporal no era más que un puente. En los estados del alma no se busca la intensidad, sino la pureza.

33. Belleza

LA BELLEZA ES LA armonía del azar con el bien. Lo bello es lo necesario que, permaneciendo conforme a su ley propia y únicamente a ella, obedece al bien.

Objeto de la ciencia: lo bello (es decir, el orden, la proporción, la armonía) en cuanto suprasensible y necesario.

Objeto del arte: lo bello sensible y contingente, percibido a través del entramado del azar y del mal.

Lo bello en la naturaleza: unión de la impresión sensible y del sentimiento de necesidad. Eso debe ser así (en primer lugar), y es precisamente así.

La belleza seduce a la carne para obtener el permiso de pasar hasta el alma.

Lo bello encierra, entre otras unidades de contrarios, el instante y la eternidad.

Lo bello es lo que podemos contemplar. Una estatua, un cuadro que podemos mirar durante horas.

Lo bello es algo a lo que podemos prestar atención.

Música gregoriana. Cuando cantamos lo mismo a lo largo de varias horas todos los días, incluso lo que está un poco por debajo de la suprema excelencia se hace insoportable y se elimina.

Los griegos miraban sus templos. Nosotros soportamos las estatuas del Jardín de Luxemburgo porque no las miramos.

Un cuadro tal que pudiéramos ponerlo en la celda de un condenado a cadena perpetua, sin que sea una atrocidad, sino al contrario.

El teatro inmóvil es el único verdaderamente bello. Las tragedias de Shakespeare son de segundo orden, salvo *Lear*. Las de Racine, de tercer orden, salvo *Fedra*. Las de Corneille, de enésimo orden.

Una obra de arte tiene un autor y, sin embargo, cuando es perfecta, tiene algo de esencialmente anónima. Imita el anonimato del arte divino. Así, la belleza del mundo es la prueba de un Dios a la vez personal e impersonal, y ni lo uno ni lo otro.

Lo bello es una atracción carnal que se mantiene distante y que implica una renunciación. Y comprende la renunciación más íntima, la de la imaginación. Queremos comer todos los demás objetos de deseo. Bello es aquello que sin querer deseamos comer. Deseamos que sea.

Quedarnos inmóviles y unirnos a lo que deseamos sin acercarnos.

Es así como nos unimos a Dios: no podemos acercarnos a él.

La distancia es el alma de lo bello.

Mirada y espera. Es la actitud que corresponde a lo bello. Mientras se pueda concebir, querer, desear, lo bello no aparece. Es por eso que en toda belleza hay contradicción, amargura, ausencia irreductible.

Poesía: dolor y alegría *imposibles.* Toque punzante, nostalgia. Así son la poesía provenzal y la inglesa. Una alegría que, a fuerza de ser pura y sin mezcla, hace mal. Un dolor que, a fuerza de ser puro y sin mezcla, apacigua.

Belleza: un fruto que se contempla sin extender la mano.

Asimismo, una desgracia que miramos sin retroceder.

Doble movimiento descendente: rehacer por amor lo que hace la gravedad. ¿El doble movimiento descendente no es acaso la clave de todo arte?

El movimiento descendente, espejo de la gracia, es la esencia de toda música. El resto solo sirve para engastarla.

La subida de notas es subida exclusivamente sensible. El descenso es a la vez descenso sensible y elevación espiritual. Ese es el paraíso que todo ser desea; que la rampa de la naturaleza haga elevarse hacia el bien.

En todo lo que suscita en nosotros el sentimiento puro y auténtico de lo bello, hay realmente presencia de Dios. Hay como una suerte de encarnación de Dios en el mundo, cuya marca es la belleza.

La belleza es la prueba experimental de que la encarnación es posible.

A partir de ahí, todo arte de primer orden es religioso por esencia. (Es lo que actualmente ya no sabemos). Una melodía gregoriana es un testimonio igual a la muerte de un mártir.

Si lo bello es presencia real de Dios en la materia, si el contacto con lo bello es en el sentido pleno de la palabra un sacramento, ¿cómo hay tantos estetas perversos? Nerón. ¿No será esto como el hambre de las misas negras por las hostias consagradas? O bien, ¿no será que esa gente no se adhiere a la belleza auténtica, sino a una mala imitación? Ya que, así como hay un arte divino, hay un arte demoníaco. Sin duda es ese el que amaba Nerón. Gran parte de nuestro arte es demoníaco.

Un amante apasionado de música puede muy bien ser un hombre perverso, pero me resulta difícil creerlo de alguien que tiene sed del canto gregoriano.

Es necesario que hayamos cometido crímenes que nos han hecho malditos, ya que hemos perdido toda la poesía del universo.

El arte no tiene un porvenir inmediato, porque todo arte es colectivo y no hay más vida colectiva (sino colectividades muertas), y también a causa de esta ruptura del pacto verdadero entre el cuerpo y el alma. El arte griego coincidió con los comienzos de la geometría y con el atletismo; el arte de la Edad Media, con el artesanado; el arte del Renacimiento, con los principios de la mecánica, etc. Desde 1914 hay una ruptura total. Incluso la comedia es casi imposible: solo hay lugar para la sátira (¿cuándo se entendió mejor a Juvenal?). El arte solo podrá renacer del seno de la gran anarquía-épica sin duda, porque la desgracia habrá simplificado muchas cosas... Es por tanto inútil de tu parte que envidies a Da Vinci o a Bach. La grandeza debe tomar otras vías en nuestros días. Además, será necesariamente solitaria, oscura y sin eco (por tanto, no hay arte sin eco).

34. Álgebra

Dinero, maquinismo, álgebra. Los tres monstruos de la civilización actual. Analogía completa.

El álgebra y el dinero son esencialmente niveladores. El primero, intelectualmente; el segundo, efectivamente.

La vida de los campesinos provenzales ha dejado de parecerse, desde hace unos cincuenta años, a la de los campesinos griegos descritos por Hesíodo. Destrucción de la ciencia tal como la concebían los griegos hacia la misma época. El dinero y el álgebra han triunfado simultáneamente.

La relación del signo con el significado perece; el juego de relaciones entre signos se multiplica por sí mismo y para sí mismo. Y la complicación creciente exige signos de signos…

Entre las características del mundo moderno, no olvidar la imposibilidad de pensar concretamente la relación entre el esfuerzo y el resultado del esfuerzo. Demasiados intermediarios. Como en los otros casos, esta relación que no se oculta en ningún pensamiento descansa en una cosa: el dinero.

Como el pensamiento colectivo no puede existir como pensamiento, pasa a las cosas (signos, máquinas...). De donde esta paradoja: la cosa es la que piensa y el hombre es reducido al estado de cosa.

No hay pensamiento colectivo. En cambio, nuestra ciencia es colectiva como nuestra técnica. Especialización. No solo heredamos resultados, sino también métodos que no comprendemos. Por otro lado, ambos son inseparables, ya que los resultados del álgebra proporcionan métodos a otras ciencias.

Hacer el inventario o la crítica de nuestra civilización, ¿qué significa? Buscar aclarar de manera precisa la trampa que ha hecho al hombre esclavo de sus propias creaciones. ¿Por dónde se ha filtrado la inconsciencia en el método de pensamiento y de acción? La evasión hacia la vida salvaje es una solución perezosa. Es necesario volver a encontrar el pacto original entre el espíritu y el mundo en la misma civilización en la que vivimos. Tarea, por cierto, imposible de cumplir a causa de la brevedad de la vida y de la imposibilidad de colaboración y sucesión. Esto no es una razón para no emprenderla. Estamos en una situación análoga a la de Sócrates cuando esperaba la muerte en prisión y aprendía a tocar la lira... Al menos habremos vivido...

El espíritu que sucumbe bajo el peso de la cantidad solo tiene un criterio de eficacia. La vida moderna está librada a la desmesura. La desmesura lo invade todo: acción y pensamiento, vida pública y privada. De ahí la decadencia del arte. Ya no hay equilibrio en ninguna parte. El movimiento católico en parte reacciona en contra. Las ceremonias católicas, al menos, han permanecido intactas.

Aunque es cierto que no tienen relación con el resto de la existencia.

El capitalismo ha realizado la liberación, acción de liberar la colectividad humana con relación a la naturaleza. Pero esta colectividad ha heredado con relación al individuo la función opresiva que ejercía antes la naturaleza.

Eso es verdad incluso materialmente. El fuego, el agua, etc. La colectividad se ha adueñado de todas estas fuerzas de la naturaleza.

Pregunta: ¿se puede transferir al individuo esta liberación conquistada por la sociedad?

35. La carta social...

El hombre es esclavo en cuanto que, entre la acción y su efecto, entre el esfuerzo y la obra, está el lugar de intervención de voluntades ajenas.

Es el caso actualmente tanto del esclavo como del amo. Jamás el hombre está frente a las condiciones de su propia actividad. La sociedad forma una pantalla entre la naturaleza y el hombre.

Estar frente a la naturaleza y no frente a hombres es la única disciplina. Depender de una voluntad extraña es ser esclavo. Sin embargo, es la condición de todo hombre. El esclavo depende del amo y el amo, del esclavo. Situación que los hace suplicantes o tiranos, o las dos a la vez (*omnia serviliter pro dominatione*). Al contrario, frente a la naturaleza inerte, el único recurso es pensar.

La noción de opresión es, en suma, una estupidez; basta leer la *Ilíada*. Y con más razón, la noción de clase opresora. Solamente se puede hablar de una estructura opresora de la sociedad.

Diferencia entre el esclavo y el ciudadano (Montesquieu, Rousseau...): el esclavo está sometido a su amo y el ciudadano, a las leyes. Por otra parte, el amo puede ser muy suave y las leyes, muy duras: no importa. Todo descansa en la distancia entre el capricho y la regla.

¿Por qué la subordinación al capricho es esclavitud? La causa última de eso reside en la relación entre el alma y el *tiempo*. Aquel que está sometido a lo arbitrario está suspendido del hilo del tiempo; *espera* (la situación más humillante) lo que le traerá el próximo instante. No dispone de sus instantes; el presente para él ya no es más una palanca que pesa sobre el porvenir.

Encontrarse frente a las cosas libera el espíritu. Encontrarse frente a hombre envilece, si se depende de ellos. Y esto sea cual sea el signo de la dependencia, ya sea bajo la forma de sumisión o de mandato.

¿Por qué esos hombres entre la naturaleza y yo?

No tener que contar nunca con un pensamiento desconocido (pues entonces quedamos librados al azar).

Remedio: fuera de los lazos fraternales, tratar a los hombres como un espectáculo y no buscar *nunca* la amistad. Vivir en medio de los hombres como en el trencito que va de Saint-Étienne a Puy. Sobre todo, no permitirse soñar con la amistad. Todo se paga. No te esperes más que a ti misma.

A partir de cierto grado de opresión, los poderosos llegan necesariamente a hacerse *adorar* por sus esclavos. Ya que el pensamiento de estar absolutamente obligado por otro, de ser juguete de otro ser, es insostenible para el ser humano. A partir de ahí, si todos los medios para escapar de la opresión le son sustraídos, solo le queda el recurso de persuadirse de que cumple voluntariamente las cosas a las que se le obliga. Dicho de otra manera, sustituir la *obediencia* por la *entrega*. E incluso a veces se esforzará por hacer más de lo que se le impone, y sufrirá menos, por la misma razón que hace que los niños cuando juegan soporten riendo dolores físicos que los abatirían si les fueran infligidos como penitencias. Por ese camino el servilismo envilece el alma: pues, en efecto, esta entrega reposa sobre una mentira cuyas razones no resisten el menor examen. (Con relación a esto, el principio católico de la obediencia debe ser considerado como liberador; en cambio, el protestante descansa sobre la idea de sacrificio y de entrega). La única salvación consiste en reemplazar la idea insoportable de obligació por la noción de necesidad, y no por la ilusión de la entrega.

Por el contrario, la revuelta, si no se traduce inmediatamente en actos precisos y eficaces, se convierte siempre precisamente en su contrario, a causa de la humillación producida por el sentimiento de impotencia radical que resulta de ahí. Dicho de otro modo, el principal apoyo del opresor reside precisamente en la revuelta impotente del oprimido.

Se podría escribir en este sentido la novela de un recluta de Napoleón. Y la mentira de la entrega plena también engaña al maestro.

Considerar siempre a los hombres del poder como *cosas* peligrosas. En la medida de lo posible, detenerse sin despreciarse a uno mismo. Y si un día nos viéramos obligados —para no ser cobardes— a ir a quebrarnos contra su poder, entonces tendríamos que considerarnos vencidos por la naturaleza de las cosas, y no por hombres. Podemos estar en la cárcel o encadenados, pero también nos puede alcanzar la ceguera o la parálisis. No hay diferencia.

Única manera de conservar la dignidad en la sumisión forzosa: considerar al jefe como una cosa. Todo hombre es esclavo de la necesidad, pero el esclavo consciente es muy superior.

Problema social. Disminuir al mínimo la parte sobrenatural indispensable para hacer respirable la vida social. Todo lo que tiende a acrecentarla es malo (es tentar a Dios). En la medida de lo posible, hay que eliminar la desgracia de la vida social, ya que la desgracia solo sirve a la gracia, y la sociedad no es una sociedad de selectos. Siempre habrá desgracia suficiente para los elegidos.

36. El gran animal

El gran animal es el único objeto de idolatría, el único sucedáneo —*ersatz*— de Dios, la única imitación de un objeto que está infinitamente alejado de mí y que es mi yo.

Si pudiéramos ser egoístas, sería muy agradable. Sería eso el descanso. Pero literalmente no podemos.

No puedo tomarme como fin y, por tanto, tomar como fin a mi semejante, ya que es mi semejante. Ni tampoco a ningún objeto material, ya que la materia es todavía menos capaz que los seres humanos de ponerse como fin.

Una sola cosa aquí abajo puede ser tomada como fin, ya que posee una especie de trascendencia con respecto de la persona humana: el colectivo. Lo colectivo es objeto de idolatría: es lo que nos encadena a la tierra... La avaricia: el oro pertenece a lo social. La ambición: el poder pertenece a lo social. La ciencia, el arte también. ¿Y el amor? El amor es una cierta excepción. Y por eso podemos ir a Dios por el amor, no por la avaricia ni por la ambición. Y, sin embargo, el amor no está ausente de lo social (pasiones excitadas por los príncipes, las personas célebres, los que tienen prestigio...).

Hay dos bienes que son radicalmente diferentes pero que tienen la misma denominación. Lo contrario al mal y lo absoluto. Lo absoluto no tiene contrario. Lo relativo no es contrario de lo absoluto: deriva de él por una relación no conmutativa. Lo que deseamos es el bien absoluto. Lo que podemos alcanzar es el bien correlativo al mal. Nosotros nos dirigimos a él por error, como el Príncipe que se prepara para amar a la sirvienta en vez de a la dama. Los vestidos engañan. Lo social arroja sobre lo relativo el color de lo absoluto. El remedio está en la idea de relación. La relación sale violentamente de lo social. Es monopolio del individuo. La sociedad es la caverna, la salida es la soledad.

La relación pertenece al espíritu solitario. Ninguna multitud concibe la relación. Esto está bien o mal respecto de…, en la medida que… Esto escapa a la multitud. La masa no es una adición.

El que está por encima de la vida social vuelve a ella cuando quiere, no el que está por debajo. Y es lo mismo para todo. Relación no conmutativa entre el mejor y el menos bueno.

Lo vegetativo y lo social son los dos dominios en donde el bien no entra.

Cristo ha rescatado lo vegetativo, no lo social. Él no oró por el mundo.

Lo social es irreductiblemente el dominio del príncipe de este mundo. El único deber que tenemos hacia lo social es intentar limitar el mal (Richelieu: la salvación de los Estados solo pertenece a este mundo).

Una sociedad que se pretende divina como la Iglesia puede resultar más peligrosa por el sucedáneo —*ersatz*— de bien que contiene que por el mal que la mancha.

Una etiqueta divina para lo social: mezcla embriagadora que encierra todas las licencias. Diablo disfrazado.

La conciencia es engañada por lo social. La energía suplementaria (imaginativa) está en gran parte supeditada a lo social. Hay que separarla de eso. Es el desapego más difícil.

La meditación sobre el mecanismo social es, en este aspecto, una purificación de primera importancia.

Contemplar lo social es también una vía tan conveniente como retirarse del mundo. Por ese motivo no me arrepiento de haber frecuentado tanto tiempo la política.

Solo penetrando en lo trascendente, lo sobrenatural, lo auténticamente espiritual el hombre se hace superior a lo social. Hasta ahí, de hecho, haga lo que haga, lo social es trascendente con respecto al hombre.

En el plano no sobrenatural, la sociedad es lo que nos separa del mal (de algunas formas de mal) como con una barrera; una sociedad de criminales o viciosos, así esté compuesta por unos pocos hombres, suprime esta barrera

Pero ¿qué nos impulsa a entrar en una sociedad semejante? La necesidad, o la ligereza, o, con frecuencia, ambas cosas a la vez. No creemos comprometernos porque no sabemos que, excepto lo sobrenatural, únicamente la sociedad impide pasar naturalmente a las formas más atroces de los vicios o de los crímenes. No sabemos que nos convertiremos en otros, ya que no sabemos hasta dónde llega en sí mismo el dominio de lo que es modificable desde el exterior. Nos comprometemos siempre sin saberlo.

Roma es el gran animal ateo, materialista, que solo se adora a sí mismo. Israel es el gran animal religioso. Ni uno ni otro son amables. El gran animal es siempre repugnante.

¿Es viable una sociedad en la que reine solo la gravedad, o un poco de lo sobrenatural es una necesidad vital?

En Roma, quizá, solo gravedad.

En los hebreos, quizá también. Su Dios era pesado.

Quizá solo hay un pueblo de la Antigüedad que carece absolutamente de mística: Roma. ¿Por qué misterio? Ciudad artificial compuesta por fugitivos, como Israel.

El gran animal de Platón. El marxismo, en cuanto es verdadero, está totalmente contenido en la página de Platón sobre el gran animal, donde está también su refutación.

Fuerza de lo social. El acuerdo entre varios hombres encierra un sentimiento de realidad. Encierra también un sentimiento de deber. Apartarse de este acuerdo aparece como un pecado. Por ahí, todos los cambios son posibles. Un estado de conformidad es una imitación de la gracia.

Por un misterio singular, proveniente de la fuerza de lo social, la profesión da a los hombres medios, debido a los objetos con que se relacionan, virtudes que, si se extendieran a todos los ámbitos de la vida, harían de ellos héroes o santos. Pero el poder de lo social hace que esas virtudes sean *naturales*. Necesitan, entonces, compensación.

Fariseos: "En verdad les digo, ya recibieron su recompensa". Al contrario, Cristo podía decir de los publicanos y de las prostitutas: "En verdad les digo, han recibido su castigo"; a saber, la reprobación social. En la medida en que lo reciben, el Padre que está en lo secreto no los castiga. En cambio, los pecados no acompañados de reprobación social reciben su castigo pleno del Padre que está en lo secreto. Así, la reprobación social es un favor de la suerte. Pero se convierte en mal suplementario para aquellos que, bajo presión de esta reprobación, se fabrican un ambiente social excéntrico, dentro del cual tienen licencia. Ambientes criminales, homosexuales, etc.

El servicio del falso Dios (de la Bestia social bajo cualquier encarnación) purifica el mal, eliminando el horror. A quien le sirve, nada le parece mal, salvo las debilidades en el servicio. Pero el servicio del Dios verdadero deja subsistir e incluso vuelve más intenso el horror al mal. Este mal produce horror, al mismo tiempo que lo amamos como emanando de la voluntad de Dios.

Los que hoy creen que uno de los adversarios está del lado del bie creen también que obtendrá la victoria.

Considerar que un bien, amado como tal, está condenado por el curso próximo de los acontecimientos es un dolor intolerable.

La idea de que lo que ya no existe más pueda ser un bien es penosa y la apartamos. Es la sumisión al gran animal. La fuerza interior de los comunistas viene de que van, no solamente hacia lo que creen que es el bien, sino también hacia lo que creen que va a producirse ineluctable y próximamente. De este modo pueden, sin ser santos —mucho les falta—, soportar peligros y sufrimientos que solo un santo soportaría por la justicia.

En cierto sentido, el estado de espíritu de los comunistas es análogo al de los primeros cristianos.

Esta propaganda escatológica explica muy bien las persecuciones de la primera época.

"Al que se le perdona poco ama poco". Se trata de aquel en quien la virtud social ocupa un gran lugar. La gracia encuentra poco espacio libre en él. La obediencia al gran animal conforme al bien es la virtud social.

Es fariseo un hombre que es virtuoso por obediencia al gran animal.

La caridad puede y debe amar en todos los países lo que es condición de desarrollo espiritual de los individuos, es decir, por una parte, el orden social, aunque sea malo, por ser menos malo que el desorden; por otra parte, el lenguaje, las ceremonias, las costumbres, todo lo que participa de lo bello, toda la poesía que envuelve la vida de un país.

Pero una nación como tal no puede ser objeto de amor sobrenatural. No tiene alma. Es un gran animal.

Y, sin embargo, una ciudad... Pero eso no es lo social; es un ambiente humano del que no tenemos más conciencia que del aire que respiramos. Un contacto con la naturaleza, el pasado, la tradición.

El arraigo es algo distinto de lo social.

Patriotismo. No debemos tener otro amor que la caridad. Una nación no puede ser objeto de la caridad. Pero un país puede serlo, como medio portador de tradiciones eternas. Todos los países pueden serlo.

37. Israel

La cristiandad se ha vuelto totalitaria, conquistadora, exterminadora, porque no desarrolló la noción de la ausencia y de la no acción de Dios aquí abajo. Se ha ligado a Jehová tanto como a Cristo; ha concebido la providencia a la manera del Antiguo Testamento: únicamente Israel podía resistir a Roma, porque se le parecía y el cristianismo naciente llevaba entonces la mácula romana antes de ser la religión oficial del Imperio. El mal hecho por Roma nunca fue verdaderamente reparado.

Dios hizo a Moisés y a Josué promesas puramente temporales en una época en que Egipto estaba inclinado a la salvación eterna del alma. Como los hebreos habían rechazado la revelación egipcia, tuvieron el Dios que merecieron: un Dios carnal y colectivo que, hasta el exilio, nunca habló al alma de nadie —¿a no ser en los salmos?—. Entre los personajes de los relatos del Antiguo Testamento, Abel, Enoch, Noé, Melquisedec, Job, Daniel son los únicos puros. No es extraño que un pueblo de esclavos que huyen, conquistadores de una tierra paradisíaca preparada por civilizaciones para una labor en la que no tuvieron ninguna participación y a la que destruían con sus masacres, que tal pueblo no haya podido dar casi nada de bueno. Hablar de "Dios educador" con relación a este pueblo es una burla atroz.

No es nada asombroso que haya tanto mal dentro de una civilización —la nuestra— viciada en su base y en su inspiración misma por esta mentira espantosa. La maldición de Israel pesa sobre la cristiandad. Las atrocidades, la Inquisición, el exterminio de herejes e infieles, todo eso era Israel (y aún lo es en cierta medida). El capitalismo era Israel, especialmente con sus peores enemigos.

Solo puede haber contacto *personal* entre el hombre y Dios en la persona del Mediador. Fuera del Mediador, la presencia de Dios en el hombre solo puede ser colectiva, nacional. Israel eligió simultáneamente el Dios nacional y rechazó al Mediador. Quizá de tiempo en tiempo tendió al verdadero monoteísmo, pero siempre recaía, y no podía ser de otro modo, en el Dios de la tribu.

El hombre que tiene contacto con lo sobrenatural es por esencia rey, ya que es la presencia en la sociedad, bajo forma infinitamente pequeña, de un orden que trasciende a lo social. Pero el lugar que ocupa en la jerarquía social es totalmente indiferente.

En cuanto al gran orden social, solo es verdaderamente susceptible de él quien ha captado una gran parte de la energía del gran animal. Pero no puede participar de lo sobrenatural.

Moisés, Josué, esa es la parte de sobrenatural que toca a quienes han captado mucha energía social.

Israel es un intento de vida social sobrenatural. Ha tenido éxito. Y podemos suponer que ha logrado lo mejor en su género. Es inútil volver a empezar. El resultado muestra de qué revelación divina es capaz el gran animal.

Isaías, el primero que aporta luz pura.

Israel resistió a Roma porque su Dios, aunque inmaterial, era un soberano temporal del nivel del Emperador, y gracias a eso el cristianismo pudo nacer. La religión de Israel no era suficientemente elevada para ser frágil y, gracias a su solidez, pudo proteger el crecimiento de lo que es más elevado.

Era necesario que Israel ignorara la idea de Encarnación para que la Pasión fuera posible. Roma también (fueron quizá los únicos pueblos que la ignoraron). No obstante, Israel tenía que tener parte de Dios. Todo lo que fuera posible sin lo espiritual y sin lo sobrenatural. Religión exclusivamente colectiva. Por esta ignorancia, por estas tinieblas fue el pueblo elegido. Así podemos comprender la palabra de Isaías: "Endurecí sus corazones para que no entendieran mi palabra".

Por eso, en Israel todo se manchó con el pecado, porque no hay nada puro en donde no intervenga la divinidad encarnada, y para que la falta de esta participación fuera manifiesta.

La gran mancha no es la lucha de Jacob con el ángel: "El eterno hará justicia a Jacob según sus obras. Desde el seno materno suplantó a su hermano, y en su virilidad triunfó sobre Dios. Luchó contra un ángel y fue vencedor, y aquel lloró y pidió gracia...".

¿No es la gran desgracia, cuando se lucha contra Dios, no ser vencido? *Israel*. Todo está manchado y es atroz, como a propósito, desde Abraham inclusive (salvo algunos profetas). Como para indicar con total claridad: ¡Atención! ¡Ahí está el mal!

Pueblo elegido par la ceguera, elegido para ser el verdugo de Cristo. Los judíos —ese puñado de desarraigados— causaron el desarraigo de todo el globo terrestre. Su parte en el cristianismo ha hecho de la cristiandad algo desarraigado con relación a su propio pasado. El intento renacentista de un nuevo arraigo ha fracasado, porque tenía una orientación anticristiana. La tendencia de las "luces", 1789, el laicismo, etc., han acrecentado hasta el infinito el desarraigo con la mentira del progreso. Y la Europa desarraigada desarraigó al resto del mundo por la conquista colonial. El capitalismo, el totalitarismo forman parte de este progresivo desarraigo; los antisemitas, naturalmente, propagan la influencia judía. Pero antes de que ellos desarraigaran por el veneno, Asiria en Oriente, Roma en Occidente desarraigaron por la espada.

El cristianismo primitivo ha fabricado el veneno de la noción de progreso con la idea de la pedagogía divina, formando a los hombres para volverlos capaces de recibir el mensaje de Cristo. Eso concordaba con la esperanza de la conversión universal de las naciones y del fin del mundo como fenómenos inminentes. Pero no habiéndose producido ninguno de los dos, después de diecisiete siglos, se ha prolongado esta noción de progreso más allá del momento de la Revelación cristiana. Desde entonces debía volverse contra el cristianismo.

Los otros venenos mezclados con la verdad del cristianismo son de origen judío. Este es específicamente cristiano. La metáfora de la pedagogía divina disuelve el destino individual —que es el único que cuenta para la salvación— en el destino de los pueblos.

El cristianismo ha querido buscar una armonía en la historia. Es el germen de Hegel y de Marx. La noción de historia como *continuidad dirigida* es cristiana.

Me parece que pocas ideas son más completamente falsas. Buscar armonía en el devenir, en eso que es lo contrario de la eternidad. Mala unión de contrarios.

El humanismo y lo que lo siguió no es un retorno a la Antigüedad, sino un desarrollo de venenos internos del cristianismo.

El amor sobrenatural es libre. Al querer forzarlo, se lo sustituye por un amor natural. Pero, a la inversa, la libertad sin amor sobrenatural —la de 1789 está totalmente vacía— es una simple abstracción, sin ninguna posibilidad de ser jamás real.

38. La armonía social

Con respecto a un orden cualquiera, un orden superior, y por tanto infinitamente más alto, solo se puede representar en el primero por lo infinitamente pequeño. El grano de mostaza, el instante, imagen de la eternidad, etc.

Punto de contacto entre el círculo y la recta (tangente). Es esta presencia del orden superior en el orden inferior bajo forma de algo infinitamente pequeño.

Cristo es el punto de tangencia entre la humanidad y Dios. La discreción, el carácter infinitesimal del bien puro… El equilibrio es la sumisión de un orden a otro, orden trascendental al primero y presente en el primero bajo la forma de lo infinitamente pequeño.

Así, la verdadera realeza sería la ciudad perfecta.

Cada uno es en la sociedad lo infinitamente pequeño que representa el orden que trasciende lo social y es infinitamente más grande.

El amor del ciudadano por la ciudad, el amor del vasallo por el señor tendrían que ser amor sobrenatural.

Solo el equilibrio destruye, anula la fuerza. El orden social no puede ser más que un equilibrio de fuerzas.

Como no se puede esperar que un hombre que no tiene la gracia sea justo, hace falta una sociedad organizada de tal manera que las injusticias se castiguen unas a otras, con una oscilación perpetua.

Solo el equilibrio aniquila la fuerza.

Si sabemos por dónde la sociedad está desequilibrada, hay que hacer todo lo posible para agregar peso en el platillo más liviano. Aunque el peso sea el mal, manejándolo con esta intención, quizá uno no se manche. Pero es preciso haber concebido el equilibrio y estar siempre dispuesto a cambiar de lado, como la justicia, "esa fugitiva del campo de los vencedores".

Sentido del famoso pasaje del *Gorgias* sobre la geometría. No es posible ningún desarrollo ilimitado en la naturaleza de las cosas; el mundo entero reposa en la medida y el equilibrio, y lo mismo ocurre en la ciudad. Toda ambición es desmesura, absurdo.

El ambicioso olvida totalmente la noción de relación.
Pueblo estúpido al que mi poder me encadena.
¡Ay, hasta mi orgullo necesita tus brazos![3]

El vínculo feudal, haciendo de la obediencia una cosa de hombre a hombre, disminuye en mucho la participación del gran animal. Más todavía la ley. Habría que obedecer solo a la ley, o a un hombre. Es casi el caso de las órdenes monásticas. Habría que construir la ciudad con este modelo.

3. Valéry, Paul, *Air de Sémiramis.* [N. del T.]

Obedecer al señor, a un hombre, pero desnudo, vestido solo con la majestad del juramento y no con una majestad tomada del gran animal.

Una sociedad bien construida sería aquella en la que el Estado solo cumpliría una acción negativa, como timón: una leve presión en el momento oportuno para compensar un principio de desequilibrio.

El sentido de la *Política* de Platón es que el poder debe ser ejercido por un medio social compuesto por vencedores y vencidos. Pero eso es contra la naturaleza, a no ser en el caso de que los vencedores sean los bárbaros. En este sentido, la victoria de los bárbaros sobre los civilizados, cuando no es destructora, es más fecunda que la de los civilizados sobre los bárbaros.

La técnica, que pone del mismo lado la fuerza y la civilización, hace imposibles estas regeneraciones. Es maldita. Fuera de esos momentos de mezcla, compartir la fuerza de los fuertes con los débiles no es posible sino con la intervención de un factor sobrenatural.

Lo que es sobrenatural en la sociedad es la legitimidad bajo una doble forma: ley y atribución del más alto poder. Una monarquía templada por leyes podría quizá efectuar esa mezcla de la *Política*: pero no puede haber allí legitimidad sin religión.

La obediencia a un hombre cuya autoridad no esté iluminada de legitimidad es una pesadilla. Lo único que puede hacer de la legitimidad pura, idea absoluta desprovista de fuerza, algo soberano es el pensamiento: eso ha sido así y será así siempre. Por eso una reforma debe aparecer siempre, ya sea como vuelta a un pasado que se había dejado degradar, ya sea como adaptación de una institución a nuevas condiciones, adaptación que tiene por objeto no un cambio, sino, al contrario, el mantenimiento de una relación invariable, como si tuviéramos la fracción 12/4 y el 4 se hiciera 5. El verdadero conservador no es el que quiere 12/5, sino el que de 12 hace 15.

La existencia de una autoridad legítima da una finalidad a los trabajos y actos de la vida social, una finalidad distinta a la sed de crecer, única causa que reconoce el liberalismo.

La legitimidad es la continuidad en el tiempo, la permanencia, lo permanente. Ella da como finalidad a la vida social algo que existe y que es concebido como algo que, habiendo existido siempre, existirá siempre. Obliga a los hombres a querer exactamente lo que es.

La ruptura de la legitimidad, el desarraigo cuando no es debido a la conquista, cuando se produce en un país a consecuencia del abuso de la autoridad legítima, suscita inevitablemente la idea obsesiva del progreso, ya que la finalidad se vuelve entonces hacia el porvenir.

El materialismo ateo es necesariamente revolucionario, pues para orientarse hacia un bien absoluto de aquí abajo, es necesario ponerlo en el futuro. Entonces tenemos necesidad, para que este impulso sea completo, de un mediador entre la perfección que va a venir y el presente. Este mediador es el jefe: Lenin, etc. Es infalible y perfectamente puro. Pasando por él, el mal se hace bien.

Hay que ser así, o amar a Dios, o dejarse sacudir por los pequeños males y los pequeños bienes de la vida cotidiana. El vínculo entre el progreso y el bajo nivel (porque lo que puede perseguir una generación, partiendo de donde se detuvo la anterior, es necesariamente exterior) es un ejemplo del parentesco entre la fuerza y la bajeza.

El gran error de los marxistas y de todo el siglo XIX fue creer que caminando derecho hacia adelante se treparían al aire. La idea atea por excelencia es la idea del progreso, que es la negación de la prueba ontológica experimental, ya que implica que lo mediocre puede, por sí mismo, producir algo mejor. Ahora bien, toda la ciencia moderna concurre a destruir la idea de progreso. Darwin ha destruido la ilusión del progreso interno que estaba en Lamarck. La teoría de las mutaciones solo deja subsistir el azar y las mutaciones. La energética plantea que la energía se degrada y nunca aumenta, y eso se aplica incluso a la vida vegetal y animal.

La psicología y la sociología no serán científicas sin el uso análogo de la noción de energía, uso incompatible con toda idea de progreso, y entonces ellas resplandecerán de luz con la verdadera fe.

Solo lo eterno es invulnerable al tiempo. Para que una obra de arte sea admirada siempre, para que un amor, una amistad puedan durar toda una vida (incluso durar con pureza quizá un día entero), para que una concepción de la condición humana pueda permanecer invariable a través de las múltiples experiencias y vicisitudes de la fortuna, es necesario que una inspiración baje del otro lado del cielo.

Un futuro totalmente imposible, como el ideal de los anarquistas españoles, degrada mucho menos, difiere mucho menos de lo eterno que un futuro posible. E incluso no se degrada nada, si no es por la ilusión de la posibilidad. Si es concebido como imposible, nos transporta a lo eterno. Lo posible es el lugar de la imaginación y, por tanto, de la degradación. Hay que querer o bien lo que existe precisamente, o bien lo que no puede existir de ningún modo; mejor todavía, los dos. Lo que es y lo que no puede ser están uno y otro fuera del devenir. El pasado, cuando la imaginación no se complace en él —en el momento en que algún encuentro lo hace surgir en su pureza—, es el tiempo con color de eternidad. Allí el sentimiento de la realidad es puro. Es la alegría pura. Eso es la belleza. Proust.

Estamos pegados al presente. El futuro lo fabricamos en nuestra imaginación. Solo el pasado, cuando no lo refabricamos, es realidad pura.

El tiempo, en su curso, desgasta y destruye lo que es temporal. Así, hay más eternidad en el pasado que en el presente. Valor de la historia bien comprendida, análogo al valor del recuerdo en Proust. Así el pasado nos presenta algo que es a la vez real y mejor que nosotros, y que puede elevarnos hacia arriba, lo que el futuro nunca hace.

Pasado: lo real, pero absolutamente fuera de nuestro alcance. Hacia lo que no podemos dar ni un paso, hacia lo que nosotros solo podemos orientarnos para que una emanación suya venga hacia nosotros. Por eso es la imagen por excelencia de la realidad eterna, sobrenatural.

¿Será por eso que el recuerdo como tal es alegre y bello? ¿De dónde nos vendrá el renacimiento, a nosotros, que hemos manchado y vaciado todo el globo terrestre? Solo del pasado, si lo amamos.

Los contrarios. Hoy, tenemos sed y repulsión hacia el totalitarismo, y casi todos amamos un totalitarismo y odiamos otro.

¿Hay siempre identidad entre lo que amamos y lo que odiamos? ¿Seguimos sintiendo necesidad de amar lo que odiamos bajo otra forma, y al revés?

La ilusión permanente de la Revolución consiste en creer que las víctimas de la fuerza eran inocentes de las violencias producidas y que, si les ponemos en sus manos la fuerza, la manejarán con justicia. Pero, salvo las almas que están bastante cercanas a la santidad, las víctimas están manchadas por la fuerza, como los verdugos. El mal que está en la empuñadura de la espada se trasmite a la punta. Y las víctimas, puestas así en el vértice y embriagadas por el cambio, hacen tanto mal o más, después vuelven a caer enseguida.

El socialismo consiste en poner el bien en los vencidos, y el racismo, en los vencedores. Pero el ala revolucionaria del socialismo se sirve de aquellos que, aunque nacidos en lo bajo, son por naturaleza y por vocación vencedores, y así desemboca en la misma ética.

El totalitarismo moderno es al totalitarismo católico del siglo XII lo que el espíritu laico y francmasón al humanismo del Renacimiento. La humanidad se degrada en cada oscilación. ¿Hasta dónde llegará?

Luego del derrumbe de nuestra civilización, una de dos: o perece íntegra como las antiguas civilizaciones, o se adapta a un mundo descentralizado.

De nosotros depende no tanto quebrar la centralización (ya que crece automáticamente como una bola de nieve hasta la catástrofe final), sino preparar el porvenir.

Nuestra época ha destruido la jerarquía interior. ¿Cómo dejaría subsistir la jerarquía social que no es más que su burda imagen?

No podías haber nacido en una época mejor que esta, en la que todo se ha perdido.

39. Mística del trabajo

El secreto de la condición humana es que no hay equilibrio entre el hombre y las fuerzas de la naturaleza que lo rodean, que lo superan infinitamente en la inacción; solo hay equilibrio en la Acción por la que el hombre recrea su propia vida en el trabajo.

La grandeza del hombre está siempre en recrear su vida. Recrear lo que le es dado. Forjar lo que él sufre. Por el trabajo produce su propia existencia natural. Por la ciencia recrea el universo mediante símbolos. Por el arte recrea la alianza entre su cuerpo y su alma (cfr. el discurso de Eupalinos). Observar que cada una de estas tres cosas es algo pobre, vacío, vano, tomada en sí y fuera de la relación con las otros dos. Unión de las tres: cultura obrera (siempre puede esperar...).

El mismo Platón no es más que un precursor. Los griegos conocían el arte, el deporte, pero no el trabajo. El maestro es esclavo del esclavo en el sentido de que el esclavo *fabrica* al maestro.

Dos tareas: Individualizar la máquina. Individualizar la ciencia (vulgarización, una universidad popular de espíritu socrático dedicada a los fundamentos de los oficios).

Trabajo manual. ¿Por qué nunca hubo un místico obrero o paisano que haya escrito sobre el uso de la aversión que produce el trabajo? Esa aversión presente tan a menudo, siempre amenazante, que el alma rehúye y que busca disimular por reacción vegetativa. Hay peligro de muerte en confesárselo. Tal es la fuente de la mentira propia de los ambientes populares. (Hay una mentira propia de cada nivel). Esta aversión es la carga del tiempo. Confesarlo sin ceder ante él nos eleva. La aversión bajo todas sus formas es una de las miserias más preciosas que son dadas al hombre como escalera para elevarse. Me toca parte muy amplia en este favor. Dar vuelta toda aversión como aversión a uno mismo...

La monotonía es la cosa más bella o más horrorosa. Lo más bello, cuando es un reflejo de la eternidad. Lo más horrible, cuando es índice de una perpetuidad sin cambios. Tiempo superado o tiempo estéril.

El círculo es el símbolo de la bella monotonía, la oscilación pendular de la monotonía atroz.

Espiritualidad del trabajo. El trabajo lleva a experimentar de manera agotadora el fenómeno de la finalidad pospuesta, como una pelota; trabajar para comer, comer para trabajar. Si miramos una de las dos como un fin, o una y otra tomadas por separado, estamos perdidos. El ciclo contiene la verdad.

Una ardilla dando vueltas en su celda y la rotación de la esfera celeste. Extrema miseria y extrema grandeza.

Cuando el hombre se ve como una ardilla dando vueltas en una rueda sin fin es cuando, si no se miente, la salvación está cerca.

El gran dolor del trabajo manual es que estamos obligados a hacer esfuerzos durante muchas horas simplemente para existir.

El esclavo es aquel al que no se le propone ningún bien como fin de sus fatigas, sino la simple existencia.

Entonces debe estar desapegado, o caer al nivel vegetativo. Ninguna finalidad terrestre separa a los trabajadores de Dios. Son los únicos que están en esa situación. Todas las demás condiciones implican fines particulares que son una pantalla entre el hombre y el bien puro. Para ellos, esa pantalla no existe. No tienen nada superfluo de lo que deban despojarse.

Hacer esfuerzo por necesidad y no por un bien —empujado, no atraído— para mantener su existencia tal como es: siempre una servidumbre.

En este sentido, la servidumbre de los trabajadores manuales es irreductible.

Esfuerzo sin finalidad.

Es terrible —o más bello que todo— si es una finalidad sin fin. Solo lo bello permite estar satisfecho con lo que es. Los trabajadores necesitan la poesía más que el pan. Necesitan que su vida sea poesía. Necesidad de una luz de eternidad. Únicamente la religión puede ser la fuente de esta poesía. El opio de los pueblos no es la religión, sino la revolución.

La privación de esta poesía explica todas las formas de desmoralización.

La esclavitud es el trabajo sin luz de eternidad, sin poesía, sin religión.

Que la luz eterna proporcione no una razón para vivir y trabajar, sino una plenitud que dispense de buscar esa razón.

A falta de ella, los únicos estimulantes son la obligación y la ganancia. La restricción, que implica la opresión del pueblo. La ganancia, que implica la corrupción del pueblo.

Trabajo manual. El tiempo que entra en el cuerpo. Por el trabajo el hombre se hace materia como Cristo por la Eucaristía. El trabajo es como una muerte.

Hay que pasar por la muerte. Hay que estar muerto, padecer la gravedad del mundo. El universo pesando sobre la espalda de un ser humano, ¿qué tiene de raro que sienta el mal?

El trabajo sin motivo es como una muerte. Obrar renunciando a los frutos de la acción.

Trabajar. Si estamos agotados, es estar sometidos al tiempo, como la materia. El pensamiento está obligado a pasar de un instante al instante siguiente sin atarse ni al pasado ni al futuro. Eso es obedecer.

Alegrías paralelas a la fatiga. Alegrías sensibles. Comer, descansar, los placeres del domingo... Pero no el La dinero. Ninguna poesía que concierne al pueblo es auténtica si no está presente allí el cansancio, y el hambre y la sed fruto del cansancio.

Índice

Queremos hacer libros
cada vez mejores. Para eso
necesitamos saber qué pensás.

Envianos un mail y contanos tu parecer:
info@edicionesgodot.com.ar

O respondé una breve encuesta:

Si este libro te gustó y nos querés ayudar,
te agradecemos que lo recomiendes
a tus amigas y amigos o en tus redes sociales.

Libro
compuesto
en tipografía Stempel
Garamond 11/14 creada
por Claude Garamond en el
siglo XVI en Francia, versión de
la fundición Stempel en 1924.
Notas al pie en 10pt y títulos en
Helvetica Neue
en 22pt.

www.edicionesgodot.com.ar
info@edicionesgodot.com.ar
Facebook.com/EdicionesGodot
Twitter.com/EdicionesGodot
Instagram.com/EdicionesGodot
YouTube.com/EdicionesGodot